2023

黑龙江省广东省
对口合作工作报告

黑龙江省发展和改革委员会
广东省发展和改革委员会 编

经济管理出版社
ECONOMY & MANAGEMENT PUBLISHING HOUSE

图书在版编目（CIP）数据

黑龙江省广东省对口合作工作报告. 2023 / 黑龙江
省发展和改革委员会，广东省发展和改革委员会编.
北京 ：经济管理出版社，2024. 6. -- ISBN 978-7-5096-
9746-7

Ⅰ. F127. 35；F127. 65

中国国家版本馆 CIP 数据核字第 2024C6L991 号

组稿编辑：白　毅
责任编辑：白　毅
责任印制：许　艳
责任校对：蔡晓臻

出版发行：经济管理出版社
　　　　　（北京市海淀区北蜂窝 8 号中雅大厦 A 座 11 层　100038）
网　　址：www. E-mp. com. cn
电　　话：(010) 51915602
印　　刷：唐山昊达印刷有限公司
经　　销：新华书店
开　　本：787mm×1092mm/16
印　　张：13. 5
字　　数：284 千字
版　　次：2024 年 7 月第 1 版　　2024 年 7 月第 1 次印刷
书　　号：ISBN 978-7-5096-9746-7
定　　价：98. 00 元

编 委 会

编撰单位

中共黑龙江省委组织部　　　　　　　　　中共广东省委组织部

中共黑龙江省委宣传部　　　　　　　　　中共广东省委宣传部

中共黑龙江省委机构编制委员会办公室　　中共广东省委机构编制委员会办公室

中共黑龙江省委金融委员会办公室　　　　中共广东省委金融委员会办公室

中共黑龙江省委外事工作委员会办公室　　中共广东省委外事工作委员会办公室

黑龙江省发展和改革委员会　　　　　　　广东省发展和改革委员会

黑龙江省教育厅　　　　　　　　　　　　广东省教育厅

黑龙江省科学技术厅　　　　　　　　　　广东省科学技术厅

黑龙江省工业和信息化厅　　　　　　　　广东省工业和信息化厅

黑龙江省人力资源和社会保障厅　　　　　广东省人力资源和社会保障厅

黑龙江省住房和城乡建设厅　　　　　　　广东省住房和城乡建设厅

黑龙江省生态环境厅　　　　　　　　　　广东省生态环境厅

黑龙江省农业农村厅　　　　　　　　　　广东省农业农村厅

黑龙江省商务厅　　　　　　　　　　　　广东省商务厅

黑龙江省文化和旅游厅　　　　　　　　　广东省文化和旅游厅

黑龙江省卫生健康委员会　　　　　　　　广东省卫生健康委员会

黑龙江省民政厅　　　　　　　　　　　　广东省民政厅

黑龙江省人民政府国有资产监督管理委员会　　广东省人民政府国有资产监督管理委员会

黑龙江省广播电视局　　　　　　　　　　广东省广播电视局

黑龙江省粮食和物资储备局　　　　　　　广东省粮食和物资储备局

黑龙江省营商环境建设监督局　　　　　　广东省政务服务和数据管理局

黑龙江省体育局　　　　　　　　　　　　广东省体育局

黑龙江省社会科学院（省政府发展研究中心）　　广东省人民政府发展研究中心

黑龙江省工商业联合会	广东省工商业联合会
哈尔滨市发展和改革委员会	深圳市乡村振兴和协作交流局
齐齐哈尔市经济合作促进局	广州市对口支援协作和帮扶合作工作领导小组办公室
鸡西市发展和改革委员会	肇庆市发展和改革局
鹤岗市发展和改革委员会	汕头市发展和改革局
双鸭山市发展和改革委员会	佛山市发展和改革局
大庆市发展和改革委员会	惠州市发展和改革局
伊春市发展和改革委员会	茂名市发展和改革局
佳木斯市发展和改革委员会	中山市发展和改革局
七台河市发展和改革委员会	江门市发展和改革局
牡丹江市经济合作促进局	东莞市发展和改革局
黑河市发展和改革委员会	珠海市发展和改革局
绥化市发展和改革委员会	湛江市发展和改革局
大兴安岭地区行政公署发展和改革委员会	揭阳市发展和改革局
中国（黑龙江）自由贸易试验区哈尔滨片区管理委员会	中国（广东）自由贸易试验区深圳前海蛇口片区管理委员会
中国（黑龙江）自由贸易试验区绥芬河片区管理委员会	中国（广东）自由贸易试验区广州南沙新区片区创新工作局
中国（黑龙江）自由贸易试验区黑河片区管理委员会	中国（广东）自由贸易试验区珠海横琴新区片区管理委员会

目 录

第六部分　资料篇

第一部分　总报告

黑龙江省与广东省对口合作 2023 年工作情况和 2024 年工作思路

黑龙江省发展和改革委员会　广东省发展和改革委员会

2023 年，广东省和黑龙江省深入贯彻习近平总书记在两省考察时的重要讲话重要指示精神，加强粤港澳大湾区建设与东北振兴战略对接，推进落实《黑龙江省人民政府 广东省人民政府对口合作高质量发展框架协议（2023-2025 年）》，立足双方要素禀赋与比较优势，深化拓展各领域务实合作，全面推动对口合作工作迈上新台阶。

一、2023 年对口合作主要工作举措及成效

（一）坚持高位推动，不断完善合作机制

两省领导高度重视对口合作工作。广东省委书记黄坤明对深化对口合作提出新思路、新举措、新要求，要求充分用好广东与黑龙江对口合作工作机制，推动优势互补，增加经济纵深，携手扩大对外开放。黑龙江省委书记许勤高度关注龙粤合作，提出"4 个围绕"工作总要求，多次前往深哈产业园、肇东星湖科技、联合飞机等合作项目考察调研、了解情况，现场部署指导合作工作，要求做好黑龙江省"4567"现代产业体系与广东省"10+10"及深圳市"20+8"产业体系的对接合作。广东省省长王伟中对深化省际合作、拓展广东经济纵深作出重要批示。黑龙江省省长梁惠玲提出深化龙粤合作、南北互动，为推动龙江发展提供重要支撑和重要力量的任务目标，强调产业发展要在对口合作上形成突破，以对口合作为重要载体，在冷水鱼等产业方向上开创优势互补新局面。

两省省委、省政府将对口合作工作纳入重要工作日程。黑龙江省委、省政府将对口合

作作为推动粤港澳大湾区建设和东北振兴两大国家战略对接落地的具体路径，分别写入省第十三次党代会报告和 2023 年政府工作报告，列为黑龙江省"十四五"规划专篇统筹推进。4 月，黑龙江省委书记许勤、省长梁惠玲率党政代表团赴粤考察交流，双方签署《黑龙江省人民政府　广东省人民政府对口合作高质量发展框架协议（2023-2025 年）》，并就深化全方位合作、促进两省高质量发展达成高度共识。6 月，广东省省长王伟中主持召开省对口合作工作领导小组第六次会议，就粤龙在提高政治站位、加强产业合作、深化科技创新、共建平台载体、拓展对俄合作等方面作出工作部署。广东省委常委、常务副省长张虎多次进行专题研究，指导对口合作工作。广东省人大常委会副主任叶贞琴出席粤龙两省与俄罗斯哈巴罗夫斯克边区立法机构会晤，签订合作协议。

（二）加强统筹谋划，务实推进合作任务

两省加强统筹谋划，共同制定印发对口合作 2023 年工作要点，编辑出版对口合作工作白皮书，开展"深入对接龙粤两省资源与产业优势，强化对口合作助力我省高质量发展"课题研究。两省发展改革、工信、农业等 17 对省直部门签订新一轮对口合作框架协议。黑龙江省对口合作办制定印发《省党政代表团赴广东学习考察工作总结座谈会会议纪要》，确定 4 个方面 14 项重点任务目标和牵头推进的省级领导、统筹协调及配合实施部门，适时调整年度工作计划，编制印发《"深化全方位合作　推动高质量发展"广东行活动工作落实方案》及《重点任务清单》，提出 33 项重点任务，全力推动广东行成果落实落靠。广东省发展改革委分管负责同志于 10 月带队赴黑龙江对接调研，协调落实黑龙江省党政代表团来粤考察调研议定事项。两省粮食和储备部门联合召开粮食对口合作协调小组第一次会议。

结对地市进一步深化合作关系，13 对结对城市签订新一轮对口合作框架协议，58 对县（区）建立结对关系。深圳与哈尔滨联合召开深哈对口合作第八次联席会议。哈尔滨、齐齐哈尔、牡丹江、佳木斯、黑河等地与结对地市在项目推进、对外开放、园区共建、文化旅游等领域持续发力，取得阶段性成效。

（三）持续互学互鉴，深化改革经验交流

两省加强政务服务领域的合作交流。黑龙江省在政务服务能力提升、商事制度改革、社会信用体系建设等领域推广应用广东省 192 项政策举措。广东省政务服务和数据管理局积极推动与黑龙江省的就医登记备案和结算、户口迁移等的异地办理，实现黑龙江省 128 项个人服务高频事项、29 项涉企服务高频事项"跨省通办"。广东省住房和城乡建设厅协助黑龙江省完成"住房和城乡建设政务服务管理信息系统"办件过程数据推送、好差评服务对接、网上办事平台 UI 适配改造等工作。

深化两省人才合作交流。黑龙江省 62 名干部到广东省开展为期 6 个月的跟岗锻炼，有效促进观念理念互鉴。深圳市围绕产业招商、民营经济发展、基层治理等主题，组织 2 批次共 100 名哈尔滨市干部来深培训。江门市选派 5 名业务骨干进驻七台河市，协助参与江河园区建设、招商引资等，提升园区建设水平。

（四）加强产业招商，积极拓展合作空间

加强招商引资合作。黑龙江省组织省内招商主体采取上门招商、精准招商、以商招商、线上"云招商"等多种手段生成项目，13 个市（地）全部开展由主要领导挂帅与广东省优质目标企业进行双向充分对接的招商活动，向广东省发布、推送招商信息和投资线索 800 余条，强力助推黑龙江省面向广东省的招商引资工作取得突破。4 月 22 日，两省召开黑龙江—广东产业合作与开放交流大会，共签约 192 个项目，签约总额 982.38 亿元，项目涵盖数字经济、生物经济、冰雪经济、创意设计及向北开放、与俄罗斯经贸合作等领域。目前已有 7 个项目竣工投产，37 个项目开工建设，齐齐哈尔、鸡西、七台河的开竣工项目数目较多，分别是 9 个、6 个、5 个，哈尔滨、齐齐哈尔、佳木斯的到位金额居多，分别是 40.2 亿元、19.7 亿元、18.4 亿元。

加强企业跨省合作。深圳中剑辰星公司斥资 58.9 亿元在鸡西打造现代化复合型数字经济产业园区和年产 10 万吨负极材料两个项目，成为单一企业自身产生裂变效应、多领域推动传统资源型城市转型发展的典型示范，标志着鸡西在实现石墨产业链再度延伸的同时，正式跨入数字经济产业新赛道。深圳时尚创意产业联盟投资 13 亿元在大庆建设预制菜产业园和高端鹅绒深加工项目，揭开商协会成员单位组团式投资龙江的序幕。

（五）坚持平台共建，进一步夯实合作基础

扎实推进园区合作共建。加快建设深圳—哈尔滨、江门—七台河等产业合作园区，以及双鸭山孵化基地等一批孵化器。海河产业园启动区完成选址，黑河、珠海两市已就园区规划、建设及运营思路进行了初步对接，力争年内取得更大进展。

打造"带土移植"型园区，按照李强总理到深哈产业园考察时提出的"借鉴先进地区经验，着力搞活发展机制，培育新的经济增长点"总体要求，进一步发挥园区"带土移植"机制优势，合作园区"策源地"功能不断释放，30 项深圳先进政策举措借助园区在哈尔滨复制推广。园区累计注册企业 631 家，注册资本达 233.06 亿元。2023 年度，核心启动区贡献产值 31.53 亿元、税收 3.48 亿元，累计带动就业 2500 余人，实现哈工大数字化卫星总部基地项目当年签约、当年开工，入驻松菱电子产品产业化基地、奥瑞德光电总部等高质量企业 24 家，实现招大引强，助推园区提速发展。

打造"产业转移"型园区，江河产业园以头部企业作为引领，发挥产业集聚效应，年内新增签约项目 5 个，计划总投资 127 亿元，在承接产业转移、拉动区域经济发展上营造了新优势。目前，园区基础设施已累计完成投资 48 亿元，主体道路全线通车，供排水一体化工程总进程完成 90%。园区重点项目联顺制药累计完成投资 102.6 亿元，多条生产线投入使用，年内实现产值 10.6 亿元，成功入选全省生物经济 20 强。

打造"本土优势"型园区，佳木斯、中山两市联合成立中佳产业园区筹建工作组，结合两市资源禀赋、基础条件、产业结构要素，就园区发展目标、合作模式、期限和选址范围、推进机制、重点合作方向等内容达成共识，突出黑龙江省禀赋优势，定位发展绿色食品加工、特色医药产业、包装配套、高端装备制造等产业方向。

深入推进自贸区合作。两省 3 对自贸片区强化对接，围绕推进改革创新经验复制推广、人才交流合作等方面开展对接。广东省 585 项自贸区改革经验在黑龙江省复制推广。珠海横琴自贸片区与黑河自贸片区联合设立创新发展研究院，开展自贸区创新发展研究，全面提升自贸区建设和管理水平。

（六）加强新兴产业培育合作，共同打造经济新引擎

推进数字经济产业发展。黑龙江省先后吸引华为、腾讯、中兴等近 10 家广东数字经济头部企业入驻，链主企业集聚功能进一步释放。以华为"一总部、双中心"为依托，鲲鹏生态创新中心"留住人才+赋能企业+孵化产业"的创新运营模式成效初显，吸引为华为提供配套、服务、支撑的多领域软硬件企业集聚，人大金仓、云从科技等一批软硬件企业相继落户深哈产业园，推动园区数字经济产业聚集度达到 70% 以上，园区成为龙江数字经济产业核心示范区。东宁市引入腾讯安心平台，共同打造黑木耳产业质量溯源体系，推动和促进产业转型升级，推进中国黑木耳大数据中心项目建设，建立东宁电商直播基地，助力东宁黑木耳进一步打开线上销售渠道，通过品牌化建设挖掘更高的产业附加值。哈尔滨海能达科技有限公司年均研发投入超过 4000 万元，在全国率先完成 PDT 数字集群系统研发，公司产品市场占有率超过 50%，被认定为国家级专利优势企业，在省级民营软件企业中排名第一。海邻科信息技术有限公司总部搬迁工作全部完成，研发的 5G 智慧公车巡控系统软件及警灯设备一体化项目成功入选黑龙江省科技厅重大科技成果转化项目，国务委员、公安部部长王小洪在黑龙江省视察期间，对海邻科建设的情指行一体化平台表示充分肯定并强调要打造全国示范点。库柏特科技追加投资建设智慧医疗设备装配基地，上马手术室行为管理系统、智能单剂量分包核对一体机、智能超声机器人、物流机器人 4 个装配车间，助力健康龙江、数字龙江发展。

生物经济合作多点开花。华大龙江医学检验实验室落成，依托华大自主可控的核心工具以及在基因组学、单细胞组学、时空组学等领域核心技术优势，提供精准医学检测综合解决方案，全面助力黑龙江省精准医学高质量发展。华大集团、垦丰种业、东北农大共同开展北大荒生物育种实验室建设，推进稻米全基因组重测序。广新集团在肇东市投资建设的星湖生物科技项目实现满负荷生产，贡献税收3652.51万元，解决当地560人就业。中瑞医药股份有限公司在哈尔滨建成全国首家血液制品应急储备中心和重症急救药物产业基地，在推动黑龙江省生物经济产业发展的同时，积极促进黑龙江省潮汕商会和哈尔滨市广东潮汕商会会员单位扎根黑龙江、扩大投资，为龙粤产业合作作出了突出贡献。华润（佳木斯）中医药产业园于10月底开展饮片加工、中药煎配业务试运营，华润北药研究院基本建设完成。北科生物、善行医疗等专精特新"小巨人"企业入驻深哈园区，有效促进了黑龙江省生命科学、可穿戴设备产业发展。珠海—黑河国际中药材展示中心落成。齐齐哈尔正在积极推进广州超凡医药旗下的管理服务公司迁至该市的相关事宜。伊春和顺堂中医馆正式开馆，打造"寒地龙药"特色产品。

加强新材料产业合作。积极做好第六届中国国际新材料产业博览会主宾省组展参展筹备工作，组织广东省新材料优势企业赴哈尔滨参展参会，广东展览面积超1200平方米，共66家优质新材料企业参加，设有广州、深圳、东莞、江门四个展区，成为本届新博会参展人数最多、参展面积最大的团，充分利用新博会平台进一步推进两省新材料产业优势互补、产业链上下游有效衔接。和超高装（中山）科技有限公司投资的和超高装超导腔制造项目进展顺利，目前已累计投资1.9亿元，项目一期工程已完工。

加强新能源产业合作。广东省能源集团在黑龙江省规划开发黑龙江省绥化市北大荒"新能源+农业"项目（200MW）和齐齐哈尔市甘南县风电项目（200MW），容量合计400MW，估算总投资约22.6亿元，目前均已取得建设指标，正在抓紧落地。

（七）加强产业升级改造合作，推动传统优势产业发展

加快推进传统产业现代化升级改造。深圳联合飞机科技有限公司正式落地，在黑龙江省开展大型民用无人直升机生产基地、有人机改无人机改装基地等项目建设，成为黑龙江省传统优势与现代化产业融合互促发展的标志性项目。双叶家具与广东数夫软件有限公司合作建设家具制造业智能化基地，首创家具行业5G网络示范园区，打造实木家具智能生产线和数字信息平台，利用数字技术赋能家具"智造"转型升级。

借鉴广东先进经验推动传统产业良性发展。牡丹江市依托广东省国际工程咨询有限公司的专业能力，编制电子信息制造业产业规划，对全市产业基础、资源禀赋、承载能力等方面进行综合分析诊断，积极推动传统优势产业转型升级。齐齐哈尔市组织专家组赴广州市学习以投促引、风险管理、股权激励、三项制度改革、超额利润分享、违规责任追究等方面的实践做法，为加强国资国企管理提供了极具现实意义的宝贵经验。

巩固装备制造领域合作。齐重数控和广州数控合作的"重型数控机床系统国产化"项目，实现了刀具更换、检测、管理智能化。中国一重与黄埔文冲船舶公司合作实施"船用高硬可焊特种钢研制"项目，解决国内的高硬度防弹钢碳当量偏高、焊接性能差、极易产生焊接裂纹等技术难题，填补国内相关领域技术空白，已完成化学成分优化设计、冶炼试验用钢锭。

（八）加强供需市场对接，推动农业和绿色食品产业做大做强

稳步推进粮食合作。两省粮食和储备部门组织两地粮食企业参加中国粮食交易大会、黑龙江"金秋会"等平台展会，促进两地粮油企业积极开展形式多样的产销合作活动，积极引导黑龙江省好粮油进入广东市场，"龙粮入粤"规模每年稳定在 600 万吨左右。广东省在黑龙江省异地储备规模 49 万吨，占广东省异地储备规模的 90%。深圳市粮食集团在双鸭山粮源基地开展粮食收购、保管等业务，2023 年累计在当地采购粮食约 2.6 万吨，销售粮食近 1 万吨。佛山市设立双鸭山市优质农产品展销中心，开展网红培训促带货，2023 年从黑龙江省购入粮食近 1 万吨。黑龙江省粮油企业在广东建立销售点、开办旗舰店，深入推动"龙粮入粤"，在广东省建立销售网点 3810 个。深圳文泉科技有限公司在饶河县建设的进口 6 万吨俄罗斯非转基因大豆生产加工浸油项目，是利用黑龙江省口岸效能优势和珠三角地区开阔市场、深入实施"买全国卖全俄、买全俄卖全国"、着力打造向北开放新高地的重要标志。黑龙江省农投集团在佛山市注册成立了黑龙江省农投食品集团有限公司顺德分公司，投资 1382 万元的年产 3 万吨大米的分包厂区已正式投产。

扎实推进农业领域合作。两省农业农村部门联合主办"南品北上 北品南下"省际交流合作暨广东名特优新农产品走进黑龙江（哈尔滨）宣传推介活动，近 200 人参展参会，现场展销粤字号农产品、黑龙江特色农产品超 200 款。300 多款"黑土优品"产品参加深圳第九届国际现代绿色农业博览会，现场签订合同 25 份、意向性协议 59 份，签约金额 983 万元，意向协议金额 2.61 亿元。黑龙江省 15 家企业 37 个品类产品入驻"圳品"，提升了黑龙江优质农产品在大湾区市场的知名度和占有率。龙粤融媒体平台在"南方+""读特"等主要媒体发布黑龙江省冷水渔业推介信息，吸引更多广东省优质企业和资本到黑龙江省投资冷水渔业，推动产业发展壮大。北鱼集团与广东春水水产开展鳜鱼全产业合作，建立南繁基地，探索北鱼南繁模式，实现了黑龙江省与广东省在冷水鱼产业领域由单一的零售合作模式转变为育种、养殖、加工、销售整体合作模式。首批来自佳木斯的 40 余款农产品顺利入驻华润万家，双方组织举办"乡村振兴·黑土优品"进万家活动，30

余家农副产品生产加工企业携150余款产品参会，为黑龙江省农产品扩大在大湾区的市场销售份额提供了值得借鉴的经验。鸡西市组织17家农产品企业参加肇庆市首届广东数字+新农人大会暨肇庆"百千万工程"现代农业产业招商推介会，与华南理工大学食品科学与工程学院在预制菜产品研发、科技成果转化等方面初步达成合作意向。云鹰集团马铃薯全产业链项目累计完成投资21.9亿元，2023年加工马铃薯5万吨，实现产值1.35亿元，为克山主导产业扩量提质和县域经济高质量发展提供了强有力支撑。成立深哈农作物生物育种产业技术创新联盟，推进两地在作物育种、食品加工、绿色农业等方面深度合作。东莞市举办第七届中国国际食品及配料博览会暨首届中国国际预制菜产业博览会，重点举办黑龙江省依兰县预制菜推介会，依兰县组织多家企业参加。湛江市与绥化市合作实施"稻—稻—薯"种植项目，年种植面积预计达1476亩，第十三届中国国际薯业博览会·广东薯业主题推介会对该经验做法予以分享和肯定。

（九）加强服务业合作，深度挖掘两省合作潜能

积极推动金融机构互设。招商银行在哈尔滨设1家一级分行，在大庆设1家二级分行。平安银行在哈尔滨设1家一级分行。广发银行在哈尔滨、牡丹江、齐齐哈尔、大庆设立分行、支行。广东省证券公司在黑龙江省共设立分支机构超20家。黑龙江省在广东省设立证券公司分支机构和金融类机构共8家，江海证券在广州、深圳、东莞设立分支机构6家。大庆市高新区在广州注册设立了中元商业保理（广州）有限公司和庆新融资租赁（广州）有限公司。

推动创意设计产业合作取得突破。深圳市工业设计行业协会哈尔滨创意设计中心揭牌启幕，搭建黑龙江省创意设计发展综合服务平台，26户创意设计企业入驻孵化，促进创意设计与制造业深度融合，推动"龙江制造"向"龙江创意"转变。深哈两市共同主办首届东北亚文化艺术创意设计博览，生成意向签约项目220余个，签约额超1.1亿元。九点整、设际邹、朗图等深圳市知名设计机构走进绥化、鸡西、牡丹江、齐齐哈尔等地，与黑龙江省150余家制造业企业开展面对面设计交流，征集企业设计需求160余项，签订购买服务合同8项。

拓展文旅领域合作，持续开展"南来北往，寒来暑往"省际旅游活动，2023年两省游客互送超过万人次。黑龙江省市两级文旅部门赴粤开展考察招商活动5次，签约牡丹江奇缘冰雪综合体等龙粤文旅合作项目6个，总投资13.5亿元。依托中国（深圳）综合开发研究院筹建黑龙江省文化旅游产业科技创新中心，突出以"集群成链"方式推动文旅产业引进落地，打造立足深哈园区、服务龙江、链接湾区的现代文旅时尚产业系统级加速平台。在广州举办"寒来暑往·广结齐缘"齐齐哈尔夏季旅游推介会，在东莞举办"美在牡丹江"文旅宣传推广暨招商推介会，在茂名举办"山海并茂·伊路同行"2023伊春夏季旅游推介会等。齐齐哈尔市、伊春市邀请结对城市参加烤肉美食节活动，组建旅游景区联盟，以免票等优惠促进两地群众互游。揭阳—哈尔滨—漠河航线于2023年4月顺利复航，至7月底共运输旅客19878人次，平均客座率81%。

积极推动冰雪产业合作。两省体育部门签订《关于共同推动冰雪体育发展的合作框架协议》，通过充分发挥各自在冰雪资源、消费市场、人才培养等方面的优势，在冰雪运动普及、冰雪竞技提升、冰雪产业提质、冰雪文化交流等领域开展深度合作。黑龙江省将广东省选为冰雪旅游推介首站，主推的"哈亚雪"沿线景区成为爆款，开启了"南方小土豆"勇闯冰城的序幕，冻梨、驯鹿、企鹅、老虎、热气球、人工月亮齐上阵，向游客推出"宠溺型"一条龙服务。龙粤融媒体合作平台在冰雪大世界开园期间持续密集推介黑龙江省冰雪旅游优势。有力助推黑龙江省旅游热度"火出圈儿"，2023年冬天旅游季广东省以黑龙江省为目的地的游客数量稳居各省区第一。两省体育企业在器材采购、人才培养、赛事交流、培训输出等方面建立了长期稳定的合作。哈尔滨市在深圳举办文旅产业招商恳谈会，现场签约5个冰雪经济合作项目，总投资超54亿元。

积极推动康养领域合作。深圳峻达（哈尔滨）宜康康养中心完成投资6.5亿元，单体设置3200张床位，是黑龙江省内规模最大、标准最高的医养康养示范项目。组织广州康养领域专家通过"线上+线下"方式，为齐齐哈尔培养养老人才及养老护理员1.13万人次。

（十）深化科技合作，进一步提升科技创新水平

深化科技合作对接。两省科技部门就自创区体制机制改革、平台建设、成果转化、人才引进、建立科技创新合作机制等事项进行了深入交流。深圳、哈尔滨联合举办"航空航天企业圆桌会议"，共同打造"南北企业家U创汇"平台，举办首届深哈科技创新论坛等创新创业活动36场。黑河举办中医药产业高质量发展论坛，华润集团、广药集团等高校和企业代表齐聚，共同探讨中医药产业科技研发和产学研用发展之路。

积极谋划共同开展科研攻关。发挥联合办学优势，哈工大深圳校区联合本部申报建设"哈尔滨工业大学（深圳）—中广核研究院有限公司"深圳市军工重点实验室，合作完成的10项科研成果获国家级、省部级科技奖励。齐重数控与广州数控"七轴五联动机床应用研究"等科研项目合作已全面完成验收工作，标志着第一阶段重型机床数控系统国产化合作圆满收官，迈出我国工业母机自主研发的重要一步。哈工大谷旭博士带领课题组依托佛山季华实验室，开展欧美长期垄断的新型金属3D打印粉末制备技术攻坚，加快推动我国自主增材制造材料技术体系建设。大庆明阳风电高端装备制造基地于2023年5月投

产，刷新全球已下线最大叶轮直径陆上风电机组记录，标志着我国超大型陆上风电机组研发和制造能力达到世界领先水平。

共同推动成果转化。华南理工大学与齐齐哈尔建龙北满公司联合开展"高品质模具钢关键技术研发及应用研究"项目，已完成批量试制，新形成企业标准2项。粤海水务依托国家水中心广泛开展产学研科技合作，与哈工大在污水、供水、海水淡化及智慧管控4个方面完成揭榜9个项目，总金额1500万元。

持续深化高校院所交流合作。持续探索职教实验班、共享人才培养方案、共育专业人才等新模式，为两省高素质技术技能人才培养提供新范式。召开龙粤职业教育协同发展联盟推进会，共商两省职业院校高质量发展路径，目前联盟成员院校规模已从19所扩大到22所。哈工大深圳校区与深圳市智慧城市科技发展集团有限公司建立战略合作伙伴关系，与深圳量旋科技有限公司等8家广东省企业共建校企联合实验室，与广东省内180余家企业开展实质性合作，签订校企横向项目200余项，科研经费超2亿元。华为公司与哈工大、哈工程等高校在基础科研领域投入合作资金每年超亿元，建立产教融合协同育人基地，共研34门课程，选修人数超过1.4万。东北农业大学先后与广东工业大学、中国科学院深圳先进技术研究院、广东百家鲜食品科技有限公司等9家企事业单位建立了产学研合作关系。中国一重与广东技术师范大学联合开展长寿命切削刀具研制等12项研发合作。广东科学技术职业学院与黑龙江旅游职业技术学院加强空乘专业合作，开办的空乘专业实验班已培养3届384名学生。广东交通职业技术学院邀请黑龙江交通职业技术学院10名教师参加"人工智能在智慧交通领域中的应用"国培班、曹成涛名师工作室等项目，通过培训提升教师教科研能力，促进职业教育改革发展。

（十一）深化经贸合作交流，共同开拓国内国际市场

深入开展经贸交流活动。两省工商联在广州联合举办"民营企业进边疆"龙粤合作广东推介会，会上签订了进一步深化合作框架协议，两省商协会、民营企业代表近300人参加了会议。积极引导民营企业家投身"万企兴万村"活动，组织民营企业参加"黑龙江—广东产业合作与开放交流大会"，大会集聚了腾讯、万科、比亚迪、华大等多家民营企业，围绕"南北共享新机遇，合作擘画新未来"主题，共同提升两省合作质量。广东省贸促会率20多家企业代表团参加"哈洽会"，并开展"广东企业龙江行"活动，推动两省企业深化贸易投资合作。两省商务部门联合举办"粤贸全国"广东—黑龙江经贸合作交流会，展示广东省智能制造、电子信息、优质广货等，有力拓展内销市场。

共同拓展对俄合作。黑龙江举办第一届中俄地方经贸合作大会，邀请广东、俄罗斯滨海边疆区等中俄工商界人士共1000余人次参会，发布中俄经贸对接需求800余项。广东作为第七届"中俄博览会"主宾省，积极组织经贸代表团参展参会，博览会期间举办 20 多场 B2B 洽谈会、对接会等，累计签约和达成意向合作金额超 1700 万元。两省共同主办第三届中俄地方合作论坛暨黑龙江省广东省—斯维尔德洛夫斯克州经贸合作洽谈会。广东省对俄贸易促进会计划在哈尔滨、莫斯科分别设立对俄贸易产业园和中国广东产业园，2017 年以来广东对俄罗斯进出口额年均增长率超过 16%。哈尔滨、佳木斯、大庆、七台河、黑河等城市携手广东省结对城市与俄罗斯友好城市共举办 9 场次龙粤俄三方交流活动，有效促进了三方间相互了解与务实合作。齐齐哈尔市联合广州市共同联系俄罗斯四座重要友好城市，组建中俄"两国六城"友城交往新矩阵。广州、齐齐哈尔依托"两国六地"合作机制，积极举办中俄"两国六城"青少年线上国际象棋赛。牡丹江组织东莞家具行业代表参加黑龙江—俄罗斯远东林业合作线上推介会，积极推动东莞、牡丹江、符拉迪沃斯托克三地外办举行视频会谈。鹤岗市与汕头市共同举办第六届中俄界江文化旅游节，鹤岗、汕头、比罗比詹共同举办经贸活动，签订三方经贸合作框架协议。

二、下一步工作思路

全面贯彻落实党的二十大精神和习近平总书记在两省考察期间的重要讲话精神，深度对接粤港澳大湾区建设与东北振兴战略，找准两省在新发展格局中的战略定位，强化组织领导，狠抓推进落实，务实进取，开拓创新，以更大力度深化供需对接、要素互通，推动两省对口合作向更高质量、更高水平发展。

（一）紧扣机制创新，持续开展干部人才交流培训

加强两省在优化营商环境、数字政府建设、国有企业改革、社会治理创新等方面的经验交流，健全党政机关和企事业单位干部人才常态化交流培训机制。不断丰富干部人才交流培训方式，扩大受训对象范围，重点选派黑龙江省各级党政主要领导和部门负责同志到广东挂职锻炼，有针对性地举行各类行政岗位专题培训，组织企业管理人员、高级人才、技术骨干开展形式多样的学习交流活动，充分利用各种大型会展平台，推动经贸、文化交流合作。在学习借鉴粤港澳大湾区建设和深圳社会主义先行示范区建设创新经验中，持续更新观念、拓宽视野，增强机遇意识和风险意识，准确识变、科学应变、主动求变，保持定力毅力，增强干劲韧劲，坚定龙江全面振兴、全方位振兴的信心和决心。推进两省社会各界和民间团体继续高频率、多层次、大规模开展交流合作，广交朋友，密切关系，进一

步深化龙粤亲情。

（二）紧扣产业升级，持续扩大产业合作规模层次

加强广东省十大战略性支柱产业集群和十大战略性新兴产业集群同黑龙江"4567"现代产业体系深度对接，引入两省智库，进一步分析研究产业体系互补点，重点推动两省数字经济、生物经济、冰雪经济和创意设计产业合作发展。加强数字经济发展先进经验交流，深化数字化改革，实施数字技术创新发展，做优特色数字产业集群。充分发挥两省生物资源优势和技术优势，抢抓生物产业发展黄金机遇期，加强技术资本交流，完善两省生物产业全产业链条，打造生物产业新的增长极。发挥黑龙江省冰雪资源优势，共同开展冰雪体育、冰雪文化、冰雪装备及冰雪旅游产业合作。利用两省创意设计产业互补优势，发展工业设计、时尚设计、数字媒体艺术设计等创意设计服务，搭建产品展示平台，做优"设计+"产业链，探索"数字+创意"新模式，推动创意设计产业高质量发展。

（三）紧扣科教强省，持续深化科教领域合作

继续拓展科技创新合作空间，进一步学习借鉴两省经验政策，不断完善两省科技研发和成果转化鼓励机制，深化产学研用合作，提升产业技术支撑能力和科技创新能力。支持两地科技创新主体协同创新，联合开展关键核心技术联合攻关，持续完善科技研发和成果转化激励机制，促进两省创新成果转移转化。拓展两省高校和科研院所间交流合作的深度和广度，持续推进院校共办、学科共建和学生联合培养。继续加大两省"双创"资源开发力度，吸引更多优秀的创业投资企业和创业投资管理团队到黑龙江省创业发展，深化两省企业孵化器发展合作，提升孵化器育企育人机能。提高两省职业院校、科技院校结对共建水平，培养更多高质量技术人才，助力实体经济发展。

（四）紧扣模式创新，持续推进平台载体共建

深化两省国家级新区、自贸试验区、国家级经济技术开发区、国家高新技术产业开发区等功能区合作，重点推动哈尔滨新区、黑龙江自贸区高标准、高质量建设。推动深圳（哈尔滨）产业园、江河产业园等合作园区加快建设，进一步推进中佳产业园、海河产业园等园区建设，加强规划建设、运营管理、招商引资等全方位合作，继续探索创新合作共建模式、利益分享机制，推广"飞地经济"经验和园区共建模式。提升结对城市合作深度和质量，扩大合作成果，推动结对关系继续向基层延伸，助力乡村振兴和县域经济发展，加快推进三对自贸片区落实合作协议，提升两省自贸片区建设和管理水平。

（五）紧扣开放合作，进一步开拓国内国际市场

充分利用好"粤贸全国""广交会""哈洽会"等平台载体和渠道，强化招商引资，推动高质量"引进来"和高水平"走出去"，塑造开放型经济新优势。共同开拓俄罗斯市场，发挥黑龙江省铁路和航空横跨俄罗斯、直达欧洲的大通道优势，支持更多广东省企业进驻黑龙江各类对俄进口贸易加工区，共同参与中蒙俄经济走廊建设和俄罗斯远东开发，开拓东北亚乃至欧洲市场。

（撰稿人：罗韬、王磊）

第二部分　领域篇

第一章　行政管理体制改革对口合作

中共黑龙江省委机构编制委员会办公室

中共广东省委机构编制委员会办公室

2023 年，黑龙江、广东两省党委编办坚持以习近平新时代中国特色社会主义思想为指导，全面贯彻党的二十大和二十届二中全会精神，深入贯彻落实习近平总书记有关重要讲话、重要指示精神和党中央、省委关于开展对口合作工作的部署要求，不断深化在机构改革、机构编制创新管理和干部队伍建设等方面的合作交流，强化信息共享、深入学习互鉴，为扎实推进中国式现代化建设提供有力的体制机制保障。

一、2023 年对口合作工作情况

（一）扎实推进新一轮机构改革，贯彻落实党中央决策部署更加坚决有力

坚决贯彻落实党的二十届二中全会关于党政机构改革的重大决策部署，推动各项改革任务落到实处。2023 年党政机构改革全面启动后，两省党委编办始终保持密切联络，各对口处室有关同志以电话、视频座谈等方式开展机构编制调研工作，通过电话方式共享省本级和地级以上市党委和政府机构设置和职能运行情况，以及省级议事协调机构情况，重点了解了外专局、能源局等机构设置现状和下一步举措，就编制精简工作开展深入交流。目前，两省机构改革方案均已获中央批准，正在抓紧组织实施。

两省党委编办还因地制宜推进了相关改革，并积极开展业务交流和研究探索，在互学互鉴中启迪改革新思路、提出改革新举措。如黑龙江省学习借鉴广东省推进应急管理综合行政执法体制改革、理顺县级主管部门与乡镇街道综合行政执法机构权责关系的做法，进

一步理顺职责、整合队伍、减少层级、推动力量下沉，不断完善基层综合执法体制机制。广东省学习借鉴黑龙江省建立行政执法队伍编制、使用跟踪问效机制相关经验，探索通过平台监控、实地督查等方式，跟踪评估各地行政执法队伍机构编制管理和编制使用效益情况。

（二）紧盯省委省政府工作部署，强化机构编制保障，服务中心大局更加科学高效

两省党委编办均紧紧围绕省委省政府中心工作，开展相关试点探索和强化机构编制保障。

广东省委编办精准服务"百县千镇万村高质量发展工程"。健全完善"百千万工程"运行机制，成立省"百千万工程"指挥部及办公室，优化相关职能部门职能配置，配齐配强相关领导力量和工作力量。聚焦县域经济高质量发展，围绕强化强县、强镇的人员、编制、职能配置，谋划推进县镇管理体制改革试点，从全面下放职权、建立直报机制、优化管理体系、强化资源统筹、完善改革配套等方面，着力推动激发县域高质量发展动力活力。广东省还持续优化重大战略平台体制机制，以省委编委一号文印发广州南沙建设发展有关领导体制和工作机制调整优化方案，进一步优化广州南沙开发建设发展有关领导体制和工作机制，跟进完善横琴粤澳深度合作区管理体制机制，支持前海合作区探索行政区与经济区适度分离下的管理体制机制，以更大的倾斜保障力度推动重大平台成为实现高质量发展的主战场、加速器。广东省还向黑龙江省学习借鉴，坚持开发区以发展实体经济为主的功能定位，调整优化4个副厅级开发区管理机构的体制机制，精简优化领导职数、内设机构和派驻机构，更好支撑现代化产业体系建设。

黑龙江省委编办以经济引擎开发区的管理机构设置为切入点，充分发挥机构编制在加强开发区组织协调、激发内生动力、促进高质量发展等方面的基础性和导向性作用，对开发区转型升级、创新发展给予正向激励。在对全省各类开发区和各类园区的机构编制情况进行全面梳理摸底、掌握实际情况和管理现状、建立完善管理台账的基础上，按照优化协同高效原则，对分散重复设置、职责交叉重叠的开发区管理机构进行整合，优化开发区行政资源配置，加强管理机构区域统筹。以开发区综合发展水平考核评价结果为重要依据和参考，构建与行政区相区别、与承担职责相适应的分类考核评价指标体系，探索对开发区管理机构履职情况进行评估，实行机构动态管理。黑龙江省亦学习广东省在乡镇（街道）推进中央编办赋予的统筹使用各类编制资源试点等先进做法，多措并举深入推进黑龙江省基层管理体制机制创新，开展了乡镇（街道）基层管理体制运行情况综合调研，为市县实施"助力乡村振兴万人计划"提供编制支持保障。

（三）坚持科学规范从严管理，机构编制工作权威性严肃性更加牢固确立

两省党委编办深入贯彻落实习近平总书记关于统筹使用编制资源的重要指示精神，探索调整优化市县编制总量管理方式，不断提高编制资源配置的科学性、精准性和时效性。一是就省人大机关、省疾控局、省工商联机关等单位机构职能设置和编制职数配备情况，以及统筹优化机构编制资源配置、加强重点领域机构编制保障、创新事业单位机构编制管理等工作，两省党委编办探讨相关思路、分享经验做法，共同推动机构编制工作更好服务保障事业发展。二是创新机构编制总量管理方式。如广东省持续推动人员编制跨层级调整，探索建立行政编制周转池，研究建立省属高校、公立医院编制周转池，修订完善中小学教职工编制标准。积极开展统筹优化编制资源研究工作，调研形成的规范编外人员管理的研究报告获得中央编办调研组充分肯定。深化司法体制综合配套改革，研究建立监狱和司法行政戒毒系统编制动态调整机制，及时收回司法行政戒毒系统空编。黑龙江省主动下放权限，将市县编制总量管理方式由省管市县调整为省管市、市管县，提高了市县编制统筹的科学性、精准性和时效性。黑龙江省委书记许勤指出此项工作是"更好服务全省振兴发展大局的改革创新举措"。黑龙江省还研究提出了调整全省市县编制总量管理方式的初步意见。三是继续推进民生社会等领域事业单位改革。在推进疾控体系改革、调整优化省疾病预防控制中心管理体制，开展规范事业单位办企业行为调查研究，推进省检验检测系统事业单位转企改制和地质勘探事业单位改革，巩固深化信息类事业单位改革，推动从事生产经营活动事业单位改革，优化教育医疗等重点民生领域编制保障等方面，两省党委编办相互沟通、取长补短，取得明显成效。

二、2024 年对口合作计划

下一步，两省党委编办将进一步健全完善沟通联系机制，持续加强在推进省市县党政机构改革、深化事业单位改革、创新优化机构编制管理等方面的合作交流，扎实抓好干部培训资源共享等工作落实，深入开展对口交流合作，推动各项工作迈上新台阶、取得新成效。

（撰稿人：杨韧、范文瑞）

第二章　国有企业改革对口合作

黑龙江省人民政府国有资产监督管理委员会

广东省人民政府国有资产监督管理委员会

2023 年，黑龙江、广东两省国资委及省属国有企业秉持平等互利、合作共赢的精神，立足两省经济实际，按照两省对口合作总体战略部署，积极创新合作机制，加快推进相关项目落地，进一步提升两省在科技创新、先进制造业、现代农业、新能源开发等重点领域的合作水平，全力推动对口合作取得重要成果。

一、加强交流合作，全力推进对口合作

2023 年 4 月 20~23 日，黑龙江省党政代表团赴广东学习考察，其间召开了"黑龙江—广东产业合作与开放交流大会"。黑龙江省交通投资集团、黑龙江省农业投资集团、黑龙江交易集团 3 家企业与深圳赛格股份公司、深圳市工业设计行业协会、深圳交易集团现场签约 3 个项目，签约额 0.53 亿元，包括"哈尔滨集散中心项目""创意街区设计及创意设计产业园项目""黑龙江国企资金融通数字化系统建设项目"，在哈尔滨电子大市场建设运营、中央大街改造提升、黑龙江国企资金融通数字化系统建设等方面开展合作。

二、强化科技合作，促进协同创新发展

广东省粤海控股集团下属的粤海水务在 2020 年 7 月以 6922 万元出资实现对哈尔滨工

业大学水资源国家工程研究中心有限公司（以下简称"国家水中心"）的控股，从而获得城市水资源开发利用（北方）国家工程研究中心，实现国家级科研平台的快速打造。截至2023年底，国家水中心在职员工52人，其中，研究生学历占34%，中、高级职称人员占73%。2023年，粤海水务依托国家水中心广泛开展产学研科技合作：一是与哈工大签署共建"城市水资源开发利用（北方）国家工程研究中心"合作协议，推动科教产教深度融合，围绕水生态安全与水污染治理等重点领域，促进先进的科研成果产出与转化。二是与哈工大启动联合揭榜合作，在污水处理、供水、海水淡化及智慧管控4个方面完成揭榜9个项目，总金额1500万元。三是注重人才引培，2023年粤海水务与哈工大多次围绕深化企校合作开展交流座谈，续聘中国工程院张杰院士担任国家水中心首席科学家。

黑龙江省交通投资集团联合深圳赛格龙焱股份有限公司、深圳赛格物业有限公司合资组建黑龙江省交投赛格新能源科技有限公司。2023年，合资公司以光伏新能源和电子商贸平台为核心业务，开发上游供应商客户12家，实施龙运朝阳冷链项目、绥芬河加工园区项目孵化开发，并推进哈尔滨综合保税区二期光伏设备更新项目、自贸试验区哈尔滨片区保税物流中心（B型）一期光伏设备更新项目补助申报工作。

黑龙江省新产业投资集团通过项目直投和管理运营的龙江振兴基金、科力北方基金联合黑龙江省各级政府资金，出资12亿元，吸纳深圳联合飞机科技有限公司落地龙江，合资培育壮大航空航天产业。目前项目主体哈尔滨联合飞机科技有限公司已注册成立，各方已完成投资协议签署和出资工作。

三、开展务实合作，促进产业高质量发展

广东省广新控股集团下属星湖科技与宁夏伊品在黑龙江省投建了产业项目。星湖科技肇东"核苷、核苷酸类产品生物制造关键技术及产业化项目"是《黑龙江省与广东省对口合作2020年重点工作计划》中的重点项目之一。公司已形成多项自主知识产权核心技术，成果"核苷类产品高效生物制造关键技术及产业化"经专家组评审鉴定为国际领先水平，被评为黑龙江省"专精特新"企业、制造业单项冠军。宁夏伊品下属黑龙江伊品生物科技有限公司在大庆市杜蒙县投资45亿元建设90万吨/年玉米深加工项目，产品规模为年产30万吨L-赖氨酸、10万吨L-苏氨酸及玉米副产品，成为黑龙江省重要的农副产品深加工企业，2023年已进入黑龙江省百强企业名录。广东省能源集团在黑龙江省规划开发黑龙江省绥化市北大荒"新能源+农业"项目（200MW）和齐齐哈尔市甘南县风

电项目（200MW），容量合计 400MW，估算总投资约 22.6 亿元，目前均已取得建设指标，正在抓紧落地。广东省广物控股集团在黑龙江省大庆市开设大庆广物汽车销售服务有限公司，主营广汽本田品牌汽车的销售及售后服务，2023 年带动当地就业 40 人。广东省交易控股集团深化与黑龙江省国资国企的市场化合作，与黑龙江省产权交易集团签订了"链上党建"联建共建协议及全面合作框架协议，围绕服务国资国企改革发展全面开展合作；与黑龙江省新产业投资集团、黑龙江省产权交易集团、黑龙江联合产权交易所、黑龙江省招标有限公司、黑龙江公共资源交易中心等单位多次进行业务交流，先后召开产权市场加快融入全国统一大市场建设推进会暨推广"广东样本"经验交流会、中国产权交易市场服务"一带一路"高质量发展（横琴）研讨会。黑龙江省产权交易集团积极建设两省国有资产市场化运作平台和产业合作操作实施平台，2021 年 9 月至今，转受让方属地为黑龙江省的交易业务 34 宗，成交金额 4.13 亿元，其中 2023 年成交项目 10 宗，成交金额 1206.98 万元。

黑龙江省交通投资集团与深圳市万科物流管理有限公司合资成立了黑龙江交投万纬企业管理有限责任公司，注册资本 0.5 亿元，深圳市地铁集团间接控股 40%。双方结合物流枢纽的规划建设、物流项目运营服务等方面的优势，在黑龙江省物流枢纽骨干网的投资建设、搭建物流和冷链运营体系、冷链园区仓配一体化业务等方面开展合作。目前，哈尔滨龙运物流园区、朝阳冷链物流园区、哈东综合保税区物流园区 3 个物流园区已委托该公司运营管理，运营面积达到 24 万平方米。黑龙江省交通投资集团下属黑龙江省航空货运发展有限公司于 2022 年开通了哈尔滨—莫斯科航空货运航线，并于 2023 年复航。该公司与中峨供应链（深圳）有限公司、深圳市深航货运有限公司、深圳永利八达通物流科技有限公司等合作开展货物揽收、报关、装箱、转运、代付运费等业务，形成稳定的深圳—哈尔滨、哈尔滨—莫斯科货物空运通道。目前已成功发运 77 班货物。黑龙江省农业投资集团下属黑龙江省粮食产业集团与广东省储备粮管理集团有限公司开展合作，承储广东省省级异地储备（黑龙江）稻谷 3 万吨。已按约定完成异地储备粮轮入、轮出，确保粮食安全承储。

四、下一步工作

（一）坚决贯彻落实两省对口合作总体部署

坚决贯彻落实两省对口合作总体部署，按照两省国资委战略合作协议中的相关内容，继续完善对口合作协调机制，发挥省国资委引导带动作用，以企业为主体，加强统筹谋划，强化组织协调，搭建合作平台，促进人员交流。充分发挥市场在资源配置中的决定性作用，促进资本、人才、技术等要素合理流动，促进产业转移。

（二）充分发挥两省比较优势和产业特色，实现互利共赢、协同发展

充分发挥两省比较优势和产业特色，对标各自优势、共享两省资源、创新协作机制、扬长补短，实现互利共赢、协同发展。充分考虑双方资源禀赋、基础条件等因素，因地制宜，不断拓展合作领域、丰富合作形式、创新合作方式。加强两省国资国企交流对接，相互学习借鉴双方市场观念、管理理念和政策环境营造方面的成功做法，围绕国企改革和共同做大做强优势产业，推动重点领域合作和重点产业合作。

（三）进一步解放思想、更新观念、开阔视野，推进对口工作理念、机制、抓手、平台的升级迭代

把对口工作放到全国和两省大局中来谋划思考，将中央对于对口工作的部署要求落实落细，助力更多的优质合作项目落地，推动龙粤合作向更深层次、更广领域、更高水平迈进。

（撰稿人：于潜、盛波）

第三章 民营经济发展对口合作

黑龙江省工商业联合会 广东省工商业联合会

开展对口合作是以习近平同志为核心的党中央作出的重大战略部署，是党中央在深化区域合作、促进协调发展方面交给广东省与黑龙江省的一项重要政治任务。广东省、黑龙江省工商联坚持以习近平新时代中国特色社会主义思想为指导，认真落实《黑龙江省人民政府 广东省人民政府对口合作高质量发展框架协议（2023-2025年）》和两省省委、省政府的总体部署，建机制、搭平台、促交流，在产业合作、经贸交流和乡村振兴等方面积极推动两省对口合作。

一、2023年对口合作总体情况

（一）强化顶层设计，巩固合作机制

进一步发挥对口合作工作领导小组成员单位作用，加强顶层设计，密切高层往来，巩固合作机制，持续高位推进对口合作工作落实。10月17日，广东省、黑龙江省工商联在广州联合举办"民营企业进边疆"龙粤合作广东推介会，广东省委常委、统战部部长王瑞军，黑龙江省委常委、统战部部长徐建国，国家民委共同发展司副司长范振军出席会议并致辞。黑龙江省委统战部副部长徐学阳，广东省委统战部副部长、省工商联党组书记陈丽文，黑龙江省委统战部副部长、省工商联党组书记吴海宝，广东省委统战部副部长、省民宗委主任张科及两省省委统战部、工商联、省直有关部门、对口合作地市领导，龙粤两地商协会、民营企业代表近300人参加会议。会上，两省工商联签订了对口合作高质量发展框架协议，为进一步推动新时代东北全面振兴取得新突破贡献工商联力量。

（二）聚焦产业合作，促进优势互补

组织民营企业发挥各自优势，创新合作形式，拓宽合作领域，推动两省产业合作共赢。一是组织民营企业参加"黑龙江—广东产业合作与开放交流大会"，广东省工商联主席、研祥高科技控股集团有限公司董事局主席陈志列在会上作了发言，大会集聚了腾讯、万科、比亚迪、华大、玖龙纸业等多家民营企业，围绕"南北共享新机遇，合作擘画新未来"主题，共同提升粤龙两省合作质量。二是支持"黑土优品"产品展示活动，推介七台河红松籽、中药茶、鲜食玉米、蓝靛果原浆等13种优质农产品，为更多黑龙江产品走进广东、走进大湾区奠定基础。三是哈尔滨市工商联在深圳举办全市产业转移承接招商暨民营经济代表人士能力提升专题培训班，提升民营企业经营管理能力。四是哈尔滨市工商联与大湾区招商联谊会在深圳举办招商推介会，进一步叙友谊、话发展、谈合作。五是组织民营企业参加哈尔滨市工商联在深圳举办的民营企业交流座谈会，围绕哈尔滨市营商环境和深哈产业园规划发布等进行推介。六是珠海市黑龙江商会赴黑河参观考察，以"极境寒养"黑龙江黑河绿色物产珠海旗舰店为锚点，深化合作交流，推动黑河绿色、优质、健康的农产品通过粤港澳大湾区走出去。同时，依托黑河地缘优势，发挥黑河对俄开放"桥头堡"作用，利用"中俄农品汇"平台，抓住对俄贸易发展机遇，发展珠海特色康养食品、电子产品等出口贸易，实现资源共享、优势互补，共同为黑河农业发展贡献力量。

（三）聚焦交流学习，促进共赢发展

把开展交流交往交融作为对口合作的重要内容，努力推动两省各级工商联、商协会、民营企业间开展多种形式的学习培训交流活动，促进理念互融、信息互通、资源互享、合作互赢。一是黑龙江省工商联在广州召开主题为"寻商机、求合作、促共识"的粤商交流恳谈会，发动广东省黑龙江商会、黑龙江省广东商会和黑龙江省潮汕商会组织粤商代表参加会议，动员广大粤商走进黑龙江，支持黑龙江发展。二是支持成立广东省大兴安岭商会，为两地企业家提供合作交流平台。三是绥化市工商联组团赴广州、深圳、湛江等地开展考察活动，广州市荔湾区、南沙区工商联分别与绥化市、海伦市、望奎县、绥棱县、明水县工商联签订友好工商联协议。此外，湛江市工商联于8月带领企业家代表赴绥化进行回访交流，进一步深化绥湛两地工商联友谊，切实搭建起两地民营企业沟通的桥梁。四是珠海市工商联与黑河市工商联在珠海召开座谈会，就两地工商联在服务民营经济高质量发展等方面的创新做法、具体措施和工作经验进行深入学习交流。五是惠州市工商联赴大庆考察调研并召开座谈会，就非公党建、经济联络、投资环境、民营经济高质量发展等方面进行深入交流。各级工商联通过多种形式调研和交流，有力地推动了两省间民营企业

合作。

（四）聚焦资源禀赋，促进乡村振兴

积极引导民营企业家投身"万企兴万村"行动，助推黑龙江乡村产业振兴，促进农业高质高效发展。一是大力宣传推介黑龙江8个边境市（地）、18个边境县261个优势产业项目，推动广东民营企业与优势项目对接，动员粤商北上支持参与龙江"兴边富民"建设。二是广州市工商联与齐齐哈尔市工商联在广州共同召开了对口合作座谈会，双方就共同推进广州"光彩大篷车"活动、开展穗鹤两地企业家培训班、继续加强两地企业家互访互学互促三方面工作进行深入探讨交流，并初步达成共识。三是支持佳木斯市工商联举办首届佳商联盟成立大会，组织广东省深圳市望家欢农产品集团、深圳市道融家莆企业管理有限公司、广东宏大广航工程有限公司等公司的10余位乡贤企业家赴佳木斯考察，加强两地企业间的互访交流。四是大兴安岭地区工商联邀请广东汕头天成科技实业有限公司董事长陈少鹏一行到漠河市、呼玛县实地考察旅游业等相关产业，并就黑龙江"百企兴百村"行动开展情况进行走访调研，召开座谈会，举办捐赠轮椅、棉衣及发放助学金活动。

二、下一步工作打算

下一阶段，按照两省对口合作重点工作计划和《黑龙江省人民政府 广东省人民政府对口合作高质量发展框架协议（2023-2025年）》要求，两省工商联切实增强做好两省对口合作工作的责任感和使命感，全面开展各项工作。

（一）进一步加强交流合作

不定期组织两省商协会、民营企业走访交流，充分发掘两地特色资源，推动两省民营企业在管理理念、营销理念、市场理念等方面的经验交流，探索出一条南北联动、协同发展、互利共赢的新路径。

（二）大力推动两省民营经济高质量发展

努力搭建合作平台，引导广东省民营企业到黑龙江省投资兴业，积极服务黑龙江省来粤投资企业，对于企业在经贸洽谈、双方合作、经营生产过程中遇到的困难，及时向有关

部门反映，为民营企业排忧解难。

（三）深入开展"民企进边疆"行动

引导民营企业家履行社会责任，积极投身"万企兴万村"行动，充分发掘龙粤两省资源禀赋优势，助力黑龙江省乡村振兴。

（撰稿人：黄平、徐振华）

第四章　对内对外开放合作

黑龙江省商务厅　广东省商务厅

2023 年,黑龙江、广东两省商务部门以推动高质量发展为主题,深入贯彻黑粤对口合作高质量发展框架协议,认真落实《黑龙江省与广东省对口合作 2023 年工作要点》,充分发挥经贸平台作用,携手拓展国内经济纵深、扩大高水平对外开放,两省商务领域对口合作取得新成效。

一、推进对外开放合作

两省商务部门合力开拓国际市场。广东省借助黑龙江省这个我国最大的对俄合作平台,积极拓展对俄贸易,推动广东灯具、照明装备、汽车电子、轻纺等优势产品出口俄罗斯市场,不断扩大对俄出口贸易规模和水平。黑龙江省充分借助广东省对接国际市场,拉动机电产品、农产品、纺织品、服装等产品出口。2023 年广东省对俄罗斯进出口 1431.7 亿元,增长 33.5%,其中,出口 1130.3 亿元,同比增长 36.5%;进口 301.4 亿元,同比增长 23.6%。2023 年黑龙江省外贸进出口 2978.3 亿元,增长 12.3%,其中,出口 760.6 亿元,同比增长 39.4%;进口 2217.7 亿元,同比增长 5.3%。通过两省商务部门、进出口企业的共同努力,克服了国际循环给两省进出口带来的不利影响,在对外经贸合作方面取得了较好的成绩。

6 月 16 日,广东省商务厅二级巡视员黄欣在哈尔滨参加中国黑龙江、广东、福建——俄罗斯远东基础设施建设及建材领域合作推介会并致辞,推荐广东省建材企业协会在会上作为企业代表进行推介。

7 月 10~13 日,应黑龙江省政府邀请,经广东省政府同意,广东省作为第七届中国——

俄罗斯博览会主宾省组织经贸代表团参展参会。广东省商务厅副厅长赵青率团出访俄罗斯，参加博览会开幕式、巡馆等活动，其间出席第三届中俄地方合作论坛暨黑龙江省广东省—斯维尔德洛夫斯克州经贸合作洽谈会并致辞。广东省组织 24 家企业组成近百人的经贸代表团赴俄参展，展品种类涵盖智能家居、家电用品、机电产品、餐厨用具、食品饮料、纺织服装、物流服务等。广东企业参展积极性高、展品精美、吸引力强。博览会前后多家主流媒体对广东经贸团进行了全方位报道。博览会期间举办 20 多场 B2B 洽谈会、对接会等活动，企业踊跃参与，累计签约和达成意向合作金额超 1700 万元。贝乐（广州）智能信息科技股份有限公司主要生产按摩椅等智能家居产品，现场签约订单 200 多万元，并达成近千万元采购意向。广州茶里集团主要生产瓶装茶饮、袋泡茶等产品，深受国际消费者喜爱，所有产品现场销售完毕，并达成近百万元的采购意向。博览会期间，赵青副厅长分别与俄罗斯出口中心（政府机构，目前在上海设有代表处）总经理尼基申娜、俄罗斯 ITEMF 展览公司（著名会展服务商）总经理曼维洛娃进行会谈。尼基申娜介绍了俄罗斯出口中心的架构和职责，表示希望和广东省加强经贸合作，借助官方及商业渠道推广"俄罗斯制造"，加强电商、B2B 等方面的深度合作，同时邀请广东省政府和企业参加 10 月举办的"俄罗斯制造 MADE IN RUSSIA 2023"论坛。曼维洛娃感谢广东省企业对其公司旗下系列专业展会的一贯支持，期待加深同广东省政府、企业的经贸交流，并邀请广东省政府和相关车企参加 2024 年俄罗斯莫斯科汽配展和同期举办的"俄罗斯汽车沙龙"整车展。赵青副厅长表示，建设粤港澳大湾区是习近平总书记亲自谋划、亲自部署、亲自推动的重大国家战略，粤港澳大湾区与俄罗斯合作前景广阔，广东省具有良好的营商环境、完整的工业门类和产业配套，建议利用好"广交会""进博会"等展会平台，以及唯品会等电商平台，加大俄罗斯商品在粤宣传力度，同时希望俄罗斯出口中心在广东省设立代表处，进一步深化粤俄合作。广东省和黑龙江省是我国对俄出口、进口主力军，近几年两省在对俄贸易方面共同举办和参加了不少主题活动及展会。博览会期间，广东省商务厅与黑龙江省商务厅、贸促会就加强对俄贸易进行深入交流，一致同意发挥广东省产业优势和黑龙江省边境贸易传统优势，互为补充、共同发力，进一步用好两省中欧班列平台，服务好头部外贸企业。

二、利用重点展会平台开展合作

6 月 15～19 日，广东省商务厅二级巡视员黄欣带队，组织由 50 多家企业及机构超

200 人组成的广东经贸代表团参加第三十二届哈尔滨国际经济贸易洽谈会，其间与黑龙江省商务厅联合举办"粤贸全国"广东—黑龙江经贸合作交流会，推介广东优质营商投资环境。在本届"哈洽会"上，广东省以"粤贸全国"统一形象搭建广东馆，充分展示智能制造、电子信息、日用消费、特色农业等领域特色产品，助力广东省企业拓展国内外市场。展会期间，采购商和现场观众对广货消费精品反响热烈，"广东馆"吸引近 3 万人次的境内外采购商驻足，现场销售成交金额为 91.574 万元，总意向订单成交金额达 2300 万元。广东省经贸代表团参加本届"哈洽会"得到各大主流媒体重点关注，人民网、新华社、央广新闻、中国新闻网、广东广播电视台、南方日报、广州日报、羊城晚报、21 世纪经济报道、新浪网、黑龙江广播电视台、哈尔滨日报、哈尔滨新闻网、极光新闻等在报纸及网络媒体刊登新闻达 80 余篇，通过预热和活动宣传，有效扩大了"粤贸全国"品牌影响力。借助"哈洽会"平台，一批优秀粤企和优质广货走进黑龙江、走进东北亚。

三、深化产业与经贸合作

1 月 12 日，两省商务厅在深圳市共同主办黑龙江—广东"向北开放"经贸合作交流会，广东省商务厅一级巡视员陈越华出席并致辞。广东省商务厅组织大湾区外向型加工产业园区、商协会、企业代表参会，并协助安排黑龙江省代表团实地调研广东省外向型加工产业园区和重点内外资企业。

4 月 22 日，广东省商务厅副厅长马桦参加在深圳召开的黑龙江—广东产业合作与开放交流大会。在黑龙江省委书记许勤、省长梁惠玲，广东省常务副省长张虎等领导见证下，马桦副厅长代表广东省商务厅与黑龙江省商务厅签署《黑龙江省商务厅　广东省商务厅共同推进商务合作备忘录》。两省商务厅将按照"政府引导、市场运作、企业主体"的原则，发挥两省各自优势，推动两省在对外经贸合作、自贸试验区建设、重点园区建设、跨境电商、交流合作平台建设等领域的工作对接，实现两省优势产业互补，共同促进两省商务合作健康发展。

6 月下旬，广东省商务厅一级巡视员、省外商投资企业协会会长陈越华率由在粤外商投资企业及有关商协会代表组成的广东省外资企业代表团赴黑龙江省开展交流考察，了解黑龙江省丰富环境资源和独特地缘特色，促进两省沟通交流与合作共赢。

9 月 20 日，黑龙江省、广东省在广州市"餐创引擎"联合举办了龙粤特色食材产销对接活动，26 家黑龙江省企业组团南下，广东省 60 多家企业踊跃参与，活动取得积极成效，多家企业达成了合作意向，签约金额近亿元，更好地建立完善了两省消费对接渠道。9月22日，广东省在湛江举办2023广东促消费（秋季）暨第六届"食在广东"美食活动；黑龙江省14家企业参加湛江第十届海鲜美食节现场展销活动，6家企业签订了意向合作协议。

10月27日，由广东省商务厅作为指导单位、9个省份省直部门作为协办单位，华润万家公司主办了"乡遇万物，共塑美好。乡村振兴名优特产进万家"暨深圳食博会产销对接活动首站启动仪式，广东省商务厅何军副厅长出席并致辞，黑龙江省商务厅副厅长邢颖娜专程赴深圳出席并组织企业参展。该活动由深圳市华润万家于10~12月组织门店及线上平台开展，汇聚广东、广西、江西、西藏、黑龙江、贵州、新疆、甘肃、宁夏、陕西10个省区优质产品，引入华润万家全国逾3000家门店。自10月25日起，每周展销一个省份特色商品。展销首站活动在深圳和广州的228家华润万家门店开展，采用立体化矩阵式销售模式，即通过"门店主通道及专区陈列+店外广场产品展+线上专栏特色展示+直播带货+预售+一键代发+社群团购"模式推广各省产品。

四、开展自贸试验区交流合作

4月20日，黑龙江省商务厅党组书记刘海城带队赴广东自贸试验区前海蛇口片区调研，广东省商务厅协助联系片区安排调研工作。

10月9~10日，黑龙江省司法厅一级巡视员陈宏、商务厅副厅长邢颖娜一行赴粤开展自贸试验区立法专题调研，广东省商务厅副厅长双德会与调研组进行座谈交流，广东省商务厅协助联系南沙、前海蛇口片区安排调研工作。

五、2024年主要工作

2024年，两省商务部门将认真贯彻落实两省对口合作工作部署，多层次、宽领域、全方位推动两省商务领域对口合作。一是积极落实《黑龙江省人民政府 广东省人民政府对口合作高质量发展框架协议（2023-2025年）》《黑龙江省商务厅 广东省商务厅共同推进商务合作备忘录》。二是共同促进国内大循环。组织两省优质特色产品产销对接，提升两省消费能力和水平。加强双方专业市场合作，促进双方优势互补，提升专业市场发展层次和水平。三是广东省积极组团参加第八届"中俄博览会"，两省商务部门共同办好"粤贸全国"活动。四是开展对俄贸易合作。在对俄出口和跨境电商方面加强合作，推动两省对俄贸易稳步增长。

（撰稿人：谷建军、张桂新）

第五章　工业和信息化对口合作

黑龙江省工业和信息化厅　广东省工业和信息化厅

一、2023 年对口合作工作情况

（一）签署对口合作框架协议

广东省工业和信息化厅会同黑龙江省工业和信息化厅研究起草《黑龙江省与广东省工业和信息化领域对口合作框架协议》，报两省领导审定同意并签署，围绕数字产业、装备制造、新材料、食品医药、中小企业培育等领域提出加强产业交流合作的系列举措，推动两省产业共同发展、合作共赢。

（二）积极做好组展参展工作

积极做好第六届中国国际新材料产业博览会主宾省组展参展各项工作，组织广东省企业赴哈尔滨参展参会，广东省展览面积超 1200 平方米，设有广州、深圳、东莞、江门四个展区，广东省 13 个地市共 66 家材料产业领域的龙头骨干企业、重点项目参加产业招商推介、论坛交流等活动，成为本届新博会参展人数最多、参展面积最大的团。广东省工业和信息化厅被授予本届"新博会""突出贡献奖"，进一步增强了新材料企业间的沟通合作，实现优势互补和产业链有效对接。

（三）持续推进重点项目建设

持续跟进中国中药控股有限公司在哈尔滨新区利民生物医药产业园建设中国中药（哈尔滨）产业园项目。中国中药控股结合哈尔滨新区以及医药政策的最新情况，对项目进行重新规划并完成项目内部审批。目前项目已完成一期工程全面封顶，外墙保温板等粘贴已基本完成，管网工程进度完成90%。

（四）加强工业设计交流合作

加强工业设计交流合作，广东省工业和信息化厅邀请黑龙江省工业和信息化厅及黑龙江企业参加11月中旬在深圳举办的深圳国际工业设计大展相关活动，进一步推动两省创意设计产业合作。

（五）持续加强人才交流合作

根据粤黑对口合作工作需要和省委组织部工作安排，5月，黑龙江省工业和信息化厅数字基础设施处处长胡英男到广东省工业和信息化厅信息化与软件服务业处跟岗锻炼（时间6个月），加强两省人才交流合作。

二、下一步工作打算

两省工信部门将按照两省工业和信息化领域对口合作框架协议内容，积极加强对接，重点抓好以下工作：

（一）加强民营经济领域交流合作

通过"中博会"等平台多渠道展示推广黑龙江省中小企业的品牌产品、先进技术及相关服务，开展洽谈、对接和交易活动，提升两省民营企业的交流合作水平。鼓励引导广东省工业设计企业、机构与黑龙江省制造业企业开展对接合作，提供整体设计解决方案，助力黑龙江省制造业转型升级。加强两省专精特新"小巨人"中小企业间的交流合作。

（二）加快装备制造业等合作

积极对接两省在装备制造业中的比较优势，促进装备制造产业互动发展，带动产用结合、产需对接和产业链上下游整合，进一步推动双方产业基础高级化和产业链现代化，在无人机、数控、制造加工等产业领域建设一批重点项目。落实黑龙江省—广东省—俄罗斯哈巴罗夫斯克边疆区三方省州长视频会晤合作共识，推动食品、电子产品、建材家居、纺织服装、机械制造等领域的合作。

（三）加强新兴产业合作

利用广东省资金、技术、市场，促进新材料、生物医药和新一代信息技术等产业对接，积极协调各方力量，解决已对接企业合作困难，培育壮大新兴产业集群。利用"新博会"平台进一步推进两省新材料产业优势互补、产业链上下游有效衔接。配合两省科技厅推进新材料、仪器仪表、信息通信等领域的科技创新合作，促进科技成果转化。提升企业创新水平，增强成果转化承接能力。

（四）深化两省工信部门的交流合作

指导广东省有结对任务城市工信部门与黑龙江省地市工信部门的交流合作，建立和完善交流对接、产业信息共享、产业政策宣传等工作机制，积极探索拓展形式多样的产业合作交流。

（撰稿人：梁家中、宿睿）

第六章　农业和绿色食品产业对口合作

黑龙江省农业农村厅　广东省农业农村厅

2023 年，粤黑两省农业农村部门始终坚持以习近平新时代中国特色社会主义思想为指导，扎实实施《黑龙江与广东省对口合作 2023 年工作要点》，按照"对口合作、优势互补、市场主导、共同发展、互利共赢"原则，围绕现代农业高质量发展和当好"压舱石""排头兵"，强化运用市场化理念和信息化手段，坚持"走出去"与"请进来"并重，积极推动两省农业交流合作，提升两省现代农业质量与效益，进一步推广"稻—稻—薯"生产模式合作，着力探索机制创新、合作共赢模式，有效促进两省资源优化配置和农民增收。

一、2023 年对口合作工作情况

（一）加强两省沟通交流，强化政府部门合作

为贯彻落实《黑龙江省与广东省对口合作重点工作计划》，进一步推动两省农业交流合作，加快落实农业对口合作项目，4 月 22 日，由黑龙江省政府和广东省政府共同主办的黑龙江—广东产业合作与开放交流大会和项目签约仪式在深圳成功举办，1500 种"黑土优品"集中亮相大湾区，大会共签约 192 个项目，涉及金额 982.38 亿元。3 月，黑龙江省农业农村厅市场与信息化处处长何树国一行 9 人赴深圳、佛山开展农业产业合作项目洽谈，推动"黑土优品"省级优质农产品在广东省拓展市场营销渠道，商榷将黑龙江省更多农产品纳入"圳品"管理体系等事宜。哈尔滨市农业农村局及时对接对口合作城市深圳市相关部门，持续推进"圳品"申报进程，加快推进哈尔滨市优质农产品进入深圳

市市场。目前，已有五常市乔府大院农业股份有限公司、黑龙江秋然米业有限公司、哈尔滨健康农牧业有限公司、黑龙江珍珠山绿色食品有限公司、黑龙江昊伟农庄食品股份有限公司5家优质农产品企业申报"圳品"。其中，五常乔府大院"圳品"申报材料已通过审核，正在对接现场检验检测事宜，其他企业已提交"圳品"申报材料。同时对接深圳国信证券，积极推动大宗农产品采购活动。3月，黑龙江省依兰县委书记陈宇辉亲自带队，组织多家企业参加在东莞举办的第七届中国国际食品及配料博览会暨首届中国国际预制菜产业博览会，重点举办了依兰县预制菜推进会。8月22~23日，由广东省农业农村厅、黑龙江省农业农村厅联合主办的"南品北上　北品南下"省际交流合作暨广东名特优新农产品走进黑龙江（哈尔滨）宣传推介活动在黑龙江省哈尔滨市隆重举办，本次活动共有5个广东省地市、33家广东农业企业、30家黑龙江农业企业近200人参展参会。现场展示展销粤字号农产品、黑龙江特色农产品超200款。组织了近100家行业采购商、供应商进行产销对接活动，形成两地"优品互通"，推动粤黑两地乡村振兴高质量发展。

（二）总结合作模式好经验好做法，加大推广力度实现丰收又丰产

两省农业农村部门认真落实响应两省省委、省政府部署，积极推进农业合作。2015年，黑龙江省望奎县农民专业合作社联社团队开始在广东省湛江市遂溪县规模化冬种马铃薯，成功实现了"北薯南种""北社南营"，开创了粤黑两省冬季闲置农业生产资源整合对接和开发利用的先河。2017年，粤黑两省正式建立对口合作关系，广东省农业农村厅提出将"北薯南种"模式升级为"稻—稻—薯"高效产粮模式。2018年11月，广东省农业农村厅成立项目组，以龙薯合作社联社为基础，引入广东粤良种业有限公司及北京一亩田新农网络科技有限公司，致力于推进"稻—稻—薯"生产模式的规模化、产业化和信息化，将该模式打造成可复制、可推广的区域合作新模式。2023年2月25日，广东省农科院作物所组建专家团队赴湛江市遂溪县黑龙江望奎县龙薯农业种植专业合作社开展粤黑合作模式下湛江"稻—稻—薯"模式发展情况调研，总结了湛江"稻—稻—薯"模式优秀的经验，为粤黑合作"稻—稻—薯"模式高质量发展提供了政策建议。针对科企交流不畅、品种和技术更新不及时等问题，提出需加强交流、更新品种、提高"稻—稻—薯"模式产值和质量。

近几年，在两省农业部门的共同推动下，"北薯南种"已经升级为旱坡地冬种马铃薯和"稻—稻—薯"两种模式，其中"稻—稻—薯"即利用湛江地区种植两茬水稻后的冬闲田种植马铃薯，实现一年三茬，大幅度提高冬闲水稻田的利用率，充分开发利用冬季闲置的宝贵农业资源，同时促进农业增效、农民增收，助推乡村经济振兴，一举多得。截至目前，湛江示范基地种植的面积已达到4536亩。其中，"稻—稻—薯"高效生产示范基地有 1060 亩，旱坡地马铃薯示范基地有 2000 亩。通过示范基地引领带动，辐射带动冬种马铃薯种植面积约 30000 亩，带动南北种植大户 300 多户参与种植，"稻—稻—薯"产值达 6 亿元，再次实现丰产又丰收。

（三）加强种业科技合作，促进种业产业高质量发展

广东省农科院作物研究所马铃薯研究团队与北大荒黑土薯业有限公司种薯研发中心签订科技项目协议，双方开展联合育种工作，利用各自优异资源，针对南方冬种区优质早熟鲜食型马铃薯品种开展育种工作和种薯繁育技术研究。7 月 19 日，马铃薯团队负责人在北大荒黑土薯业有限公司种薯研发中心育种基地克山进行马铃薯新品种繁育调研并提出，充分利用两地的自然资源优势，可实现两地穿梭育种，加快马铃薯品种选育时间，提高育种效率。8 月 25 日，马铃薯研究团队和北大荒黑土薯业有限公司种薯研发中心对在韶关开展的种薯研发阶段性成果进行验收，广东省农科院协助北大荒黑土薯业有限公司在广东省开拓了马铃薯种薯繁育新市场。马铃薯研究团队与北大荒黑土薯业有限公司的合作旨在推进广东马铃薯新品种繁育、种薯生产及实现技术突破。另外，为了攻克广东省近年来困扰薯农收益的马铃薯疮痂病，马铃薯研究团队于 7 月 21 日赴黑龙江省农业科学院经济作物所开展学术交流，为马铃薯疮痂病防治制定试验方案和计划。

二、2024 年工作打算

（一）继续完善工作机制

发挥已建立起的合作机制作用，进一步扩大合作领域，研究解决合作中遇到的实际困难和问题，挖掘合作潜力，提升合作层次和水平，不断完善工作机制。

（二）加强农业科技交流

联合组织两省农业科研、推广机构开展农作物新品种、新技术的研究、引进、开发和试验示范，加快农业科技成果转化，实现科研成果共享，加强农业技术人员培训与交流。深化两省种业科技交流合作，加强优势互补，继续开展联合育种，加快选育推广一批具有优势和竞争力的品牌农产品。

（三）扩大农业合作领域

大力推广粤黑"稻—稻—薯"合作项目，探索引导粤黑农业合作重点项目建设，发挥示范带动效应，总结"稻—稻—薯"可复制、可推广模式，扩大农业合作领域，创新农业种植技术体系。

（四）加强农产品营销合作

加强两地农产品产销对接，积极开展"南品北上　北品南下"宣传推介活动，依托省级和市（地）级农产品展销中心辐射带动优势，加快直营店、连锁店、社区店建设，扩大两省农产品营销网络。

（五）加强相关政策扶持

在粤黑两省建立农产品种植、营销基地和配送中心，建设仓储物流设施及运输费用等方面，给予政策支持。

（撰稿人：黄维华、武爽）

第七章　粮食对口合作

黑龙江省粮食和物资储备局　广东省粮食和物资储备局

2023 年，广东省与黑龙江省粮食和物资储备局深入学习贯彻习近平总书记关于推动东北全面振兴的重要论述和党的二十大精神，贯彻落实党中央、国务院关于东北振兴的决策部署，按照《黑龙江省人民政府　广东省人民政府对口合作高质量发展框架协议（2023—2025 年）》有关工作要求，深入推进两省粮食异地储备合作，积极开展粮食产销合作，持续推动"龙粮入粤"。

一、2023 年粮食对口合作情况

（一）开展交流互访，推动两省粮食对口合作新发展

2023 年，两省各个层级开展多次交流互访，不断推动两省粮食对口合作发展。6 月，广东省政府领导带队赴北京拜访中粮集团有限公司，商请推动中粮贸易黑龙江有限公司解决承储库点信息化建设的困难，按时完成信息化监管全覆盖的任务，确保广东省省级储备粮（黑龙江）异地储备粮安全。8 月，广东省粮食和物资储备局党组书记、局长肖晓光带队赴黑龙江省开展粮食对口合作调研和交流，与黑龙江省粮食和物资储备局联合召开两省粮食对口合作协调小组 2023 年第一次会议，实地调研黑龙江省农业投资集团有限公司、黑龙江伊品生物科技有限公司、肇东宋站华粮粮食储备有限公司，检查广东省省级储备承储库点信息化建设工作，研究下一阶段重点工作，巩固和深化两省粮食对口合作。汕头市政府领导带队赴鹤岗市考察调研，实地调研万源粮油食品有限公司、第八粮库有限责任公司，交流学习龙头企业管理和粮油产业发展经验。茂名市政府组织有关部门赴伊春市开展

对口城市合作交流，密切经贸、农林、粮食等行业的交流合作。揭阳市粮食和物资储备局与大兴安岭地区行署粮食和物资储备局签订《揭阳市与大兴安岭地区粮食安全对口合作意向性协议》，建立长期稳定的产销合作长效机制。中山市粮食和物资储备局实地考察佳木斯市粮食生产、储备、加工企业有关情况，引导两地粮食企业加强沟通交流，寻求合作项目及采购意向。湛江市粮食和物资储备局带领绥化市粮食和物资储备局考察团到湛江调研，开展产销对接活动和产业发展调研，共同签署粮食产销合作协议，进一步巩固两市产销合作基础。齐齐哈尔市粮食和物资储备局与广州市粮食和物资储备局积极开展互访活动，就两市粮食等方面举办产销合作座谈会，签订粮食产销对接战略合作协议，夯实合作基础。

（二）优化异地储备管理，持续推进粮食储备合作

一是完善异地储备合作机制。广东省粮食和物资储备局指导省储备粮管理集团有限公司重新签订省级储备粮异地储备合作协议，细化异地储备粮轮换管理条款，强化违约处罚力度，进一步加强异地储备合作协议的约束力。二是持续落实异地储备任务。2023年，广东省在黑龙江省落实异地储备约48.5万吨。其中，省级储备粮（黑龙江）异地储备规模35万吨，深圳市在双鸭山市异地储备13万吨，汕头市在鹤岗市异地储备0.5万吨。三是强化异地储备管理。广东省储备粮管理集团有限公司坚持派人驻库，定期开展粮食安全普查，保障在库粮食全部处于宜存状态。主动加强与中粮集团的沟通联系，推动中粮贸易黑龙江有限公司完成广东省异地储备粮的库点信息化建设，实现异地储备信息化数据全覆盖、仓内及关键部位视频监控全覆盖，数据质量和视频质量达到A级。四是加强对异地储备的监管。3月，广东省粮食和物资储备局会同省纪委监委派驻省发展改革委纪检监察组赴黑龙江省开展省级储备粮异地储备联合检查，重点检查省级储备粮异地储备的数量、质量、安全管理情况以及前期检查发现问题的整改落实情况。9月，广东省粮食和物资储备局从各市监管队伍抽调业务骨干作为检查组专家，与黑龙江省粮食和物资储备局、黑龙江省储备粮管理有限公司组成联合检查组，对省级储备粮异地储备的5个库点进行实地检查，异地储备粮数量真实、质量良好、储存安全、管理规范。广东省粮食和物资储备局委托第三方会计师事务所，对省级储备粮（黑龙江）异地储备相关统计台账、粮油保管总账、明细账进行审计核查。

（三）深化产销合作，共同推进"龙粮入粤"

两省粮食和物资储备局通过组织两地粮食企业参加中国粮食交易大会、黑龙江"金秋会"等平台展会，促进两地粮油企业开展形式多样的产销合作，推动黑龙江省好粮油进入广东市场。由黑龙江省粮食和物资储备局主办、广东省粮食和物资储备局等9省

（市）粮食和储备部门协办 2023·黑龙江第十九届金秋粮食交易暨产业合作洽谈会，广东省 27 家企业及粮食和储备管理部门 100 余名代表参加会议。深圳市粮食集团有限公司在双鸭山粮源基地开展粮食收购、储备保管等业务，并与当地农户签订农产品定向收购协议，加强产销跨区域合作，2023 年采购当地粮食约 2.6 万吨，采购金额 7000 多万元；销售粮食近 1 万吨，销售金额 3000 多万元。佛山市设立双鸭山市优质农产品展销中心，邀请双鸭山代表团参加广东（佛山）安全食用农产品博览会，动员预算单位食堂采购双鸭山农产品，开展网红培训促带货，举办消费帮扶对口援建地区特色农牧产品展销品鉴活动，拓宽双鸭山农产品销售渠道，2023 年从黑龙江省购入粮食近 1 万吨。茂名市广东金信农业科技有限公司加强与伊春市铁力市金海粮米业有限公司的合作，2023 年签订大米购销合同 3.5 万吨，合同金额 2.5 亿元，采购黑龙江大米 1.5 万吨。汕头市粮食企业集团公司与对口合作单位五常市金禾米业有限责任公司签订购销合同，采购不同品质规格的优质大米。中山市广东美味鲜调味食品有限公司、中山市粮食储备经营管理有限公司加强与佳木斯市粮食企业的洽谈，积极开展黄豆采购、粮食精深加工等合作。哈尔滨市粮食与物资储备局与深圳"圳品"公司、珠海市粮食集团签订战略合作协议，助推哈尔滨优质农产品打通深圳和大湾区销售通道。齐齐哈尔市粮食局赴深圳市和广州市分别举办了"圳品有我，鹤城优供""花城有我，鹤城优供"优质农产品推介会，不断提升鹤城"顶流"农产品品牌和优质农产品在广东省的影响力，开拓销售市场。鸡西市粮食局邀请广州市、深圳市粮食部门和企业参加鸡西市金秋粮食产销推介暨产业合作洽谈会，宣传推介"鸡西好粮油"，助力更多绿色鸡西市粮源进入广东省市场。通过搭建产销合作平台等多种形式，积极推动"龙粮入粤"每年近 600 万吨。

二、2024 年工作安排

下一步，两省将按照《关于进一步推动新时代东北全面振兴取得新突破若干政策措施的意见》部署，落实两省省委、省政府达成的共识，进一步深化粮食对口合作和战略对接。

（一）进一步加强两省粮食对口合作交流和研究

加强两省各级粮食和储备部门间沟通交流，组织互访学习考察，共同谋划两省粮食对口合作发展思路举措。共同加强两省粮食对口合作工作研究，探索推动两省粮食产业协同、资源共享、优势叠加，深入推进全方位、多渠道、宽领域交流合作的有效途径，不断推进两省粮食对口合作高质量发展。

（二）进一步加强异地储备合作和监管

结合实际适度增加在黑龙江省的异地储备，进一步优化异地储备库点布局，提高异地储备粮集约化管理水平。继续强化与黑龙江省粮食和物资储备局的监管合作，落实"四不两直"等检查模式，加强对省级储备粮（黑龙江省）异地储备检查的力度和频率，确保异地储备安全。

（三）进一步加强两省粮食产销合作

继续用好黑龙江"金秋会"和中国粮食交易大会等产销合作平台，联合组织两省粮食企业开展产销对接活动，共同推动两省粮食产销合作不断发展。

（撰稿人：王发恭、董丽元）

第八章　金融对口合作

中共黑龙江省委金融委员会办公室
中共广东省委金融委员会办公室

一、2023 年广东省与黑龙江省金融对口合作情况

（一）加强资本市场合作

一是支持哈尔滨敷尔佳科技股份有限公司（301371）于 2023 年 8 月 1 日在深交所创业板上市，首发上市当日市值 283 亿元，成为黑龙江省近三年唯一一家百亿市值上市企业，首发募集资金 22.32 亿元。二是支持广联航空工业股份有限公司（300900）4 月发行可转债 7 亿元，用于航空发动机、燃气轮机金属零部件智能制造项目，航天零部件智能制造项目以及大型复合材料结构件轻量化智能制造项目，支持公司加强研发、扩大规模，增强持续盈利能力。三是支持黑龙江省固定收益产品发展。截至 2023 年底，黑龙江省在深交所发行固定收益产品累计融资规模已超 820 亿元，累计支持黑龙江省地方政府债成功发行 3 批 21 只合计 731.26 亿元；累计支持黑龙江省 4 家企业发行 86.70 亿元公司债产品，其中，地方国有企业 2 家、民营企业 2 家；支持黑龙江省企业发行 11 亿元资产证券化产品。

（二）推动金融机构互设

招商银行在哈尔滨设 1 家一级分行，在大庆设 1 家二级分行；平安银行在哈尔滨设 1 家一级分行；广发银行在哈尔滨、牡丹江、齐齐哈尔、大庆设立分行、支行；广东省证券公司在黑龙江省共设立分支机构超 20 家。黑龙江省在广东省设立证券公司分支机构和

金融类机构共 8 家；江海证券在广州、深圳、东莞设立分支机构 6 家；大庆市高新区在广州注册设立了中元商业保理（广州）有限公司和庆新融资租赁（广州）有限公司。

（三）推动广东省金融机构支持黑龙江省建设

一是合作设立产业投资基金。由深创投与黑龙江、吉林两地省市两级政府出资设立，委托深创投管理的黑龙江省聚恒红土投资合伙企业（有限合伙）于 2023 年 8 月 10 日正式成立。基金认缴规模 10 亿元，首期实缴金额 3 亿元，主要投资于数字经济、生物医药、汽车产业、装备工业、光机电一体化、化工、新材料、农业深加工等具有区域性优势的领域。基金于 11 月 16 日完成首期资金募集，11 月 23 日完成中基协备案（备案编码：SNDN16）。二是广发银行助力黑龙江省地方政府债券发行。2023 年，该行累计承销黑龙江省地方政府债券 46.24 亿元，占 2023 年全行地方债承销金额的比例约 10%，有力地支持了黑龙江省地方经济建设。三是拟由深圳市高新投集团设立黑龙江省深高投股权投资，目前基金设立方案已基本成型，正稳妥推进中。

（四）强化两省金融交流互动

一是加强地市交流借鉴。5 月，绥化市金融服务局党组成员、副局长潘忠亮到广东省湛江市跟岗锻炼，任职坡头区常务副区长助理，推动两地金融部门、金融机构、重点企业建立联系。8 月，鸡西市借鉴广东省肇庆市先进经验，制定出台《鸡西市支持"鸡西兴凯湖·基金汇"高质量发展若干政策措施（试行）》，激发肇庆市金融机构到鸡西市投资的内生动力。二是推动机构对接交流。5 月 17~19 日，深交所北方中心受邀赴黑龙江省东盛金材、惠达科技、安天科技等多家重点上市后备企业进行走访，听取企业上市工作进展情况并给予专业指导，推动企业加快上市工作进程。5 月 27 日，深圳市组团赴牡丹江市参加大湾区—牡丹江经贸考察座谈交流会，会议期间，牡丹江市重点与深圳市柏纳股权投资基金管理有限公司等金融企业进行对接交流。安信证券投资银行部专家举办上市培育交流会并走访对接上市后备企业。深创投就开展基金合作投资泰泽惠康项目与牡丹江市进行磋商。6 月 10 日，广东省产业投资引导基金以及合作股权投资机构赴鸡西市组织参加"鸡西兴凯湖·基金汇"论坛并进行对接交流，助力鸡西市优质项目拓宽直接融资渠道。8 月22 日，深交所开展"踔厉奋发新征程投教服务再出发——深交所投教服务走进黑龙江"主题投教活动，深入黑龙江省上市公司九洲集团、森鹰窗业走访调研，并就合作发展等有关事宜进行了沟通交流。

二、下一步工作思路

（一）继续推动两省金融机构互设与资本市场对接

一是推动机构交流合作。鼓励支持两省银行、证券、保险等持牌金融机构互设分支机构及营业网点，并引导广东省证券公司、股权投资机构为黑龙江省企业提供证券市场对接、股权投资对接等服务。二是支持深交所依托黑龙江省基地助力当地资本市场建设。鼓励黑龙江省符合条件的企业在深交所上市并做大做强，利用债券、基础设施公募 REITs 等创新产品盘活存量资产，并参与联合教育培训。

（二）加强两省金融监管部门交流互动

一是进一步加强两省金融监管领域交流，加强地方政府金融工作部门互访互学、互派干部挂职锻炼。二是邀请黑龙江省金融监管部门和金融机构参与粤港澳大湾区金融发展论坛、中国（广州）国际金融交易·博览会、国际金融论坛（IFF）等金融交流活动。

（三）深化两省金融风险防控合作

继续推动两省在地方金融风险监测防控、防范化解重大风险等方面开展合作，支持黑龙江省继续与广州金融风险监测防控中心合作，建立和完善黑龙江省非法集资风险防范和处置全链条治理体系，为黑龙江省金融行业稳定健康发展保驾护航。

（撰稿人：钟至绮、张晓男）

第九章　文化和旅游对口合作

黑龙江省文化和旅游厅　广东省文化和旅游厅

2023 年，两省文化和旅游部门围绕粤港澳大湾区建设和东北振兴战略，加强沟通交流，持续推进两省文化和旅游业对口合作工作，取得良好成效。

一、2023 年文化和旅游对口合作工作情况

两省文化和旅游部门积极贯彻落实《黑龙江省与广东省对口合作"十四五"实施方案》，以《黑龙江省人民政府　广东省人民政府对口合作高质量发展框架协议（2023-2025 年）》为指引，围绕粤港澳大湾区建设和东北振兴战略，签署了《黑龙江省文化和旅游厅　广东省文化和旅游厅关于深化旅游对口合作的协议》，加强两省文化和旅游部门的沟通交流，持续推进两省文化和旅游业对口合作工作。

（一）进一步深化合作工作机制

两省文化和旅游部门积极贯彻落实《黑龙江省人民政府　广东省人民政府对口合作高质量发展框架协议（2023-2025 年）》任务要求，围绕粤港澳大湾区建设和东北振兴战略，签署对口合作协议，加强两省文化和旅游部门的交流合作。

（二）大力推动文化和旅游产业合作

两省借助双方文化和旅游产业平台，展示产业发展成果，搭建产业合作对接渠道。黑龙江省组团参加了中国（深圳）国际文化产业博览交易会、第三十一届广州国际旅游展览会，近百家黑龙江企业携千余种展品亮相文博会。9 月，黑龙江省征集优质重点文旅项

目参加广东文化和旅游产业投融资对接会。同时，广东省组织重点文旅企业与黑龙江省文旅项目进行互访考察，加强两省文旅产业资源对接，参加黑龙江省创意设计赋能消费品领域供需对接会、龙粤旅游企业对接会等活动，与哈尔滨冰雪大世界、哈尔滨伏尔加庄园、哈尔滨普罗旺斯薰衣草庄园、哈尔滨极地公园等文旅企业达成初步合作意向，依托综合开发研究院（中国·深圳）筹建黑龙江省文化旅游产业科技创新中心，为龙粤文旅产业深度合作打下坚实基础。

（三）持续开展文化艺术交流

2 月，由广东省文化和旅游厅指导、广东美术馆主办的列入国家艺术基金 2022 年度传播交流推广资助项目的"印刻时代——20 世纪以来中国版画的实践与流变专题展·哈尔滨站"开幕式暨公教活动在黑龙江省美术馆举行，反响良好。6 月，第十三届中俄文化大集在黑龙江省黑河市开幕，广东省组织醒狮队、粤剧团参加表演。8 月，深圳交响乐团赴黑龙江省参加第 36 届中国·哈尔滨之夏音乐会系列演出活动。12 月，广东省知名雕塑家许鸿飞雕塑世界巡展哈尔滨站在禹舜美术馆举行。

（四）持续加强文化旅游宣传推广合作

两省及对口合作地市文化和旅游部门继续加大宣传推广力度，开展"线上+线下""媒体宣传+推介活动"多形式营销合作，持续打造"南来北往，寒来暑往"主题旅游品牌活动。4 月、11 月，黑龙江省文化和旅游厅在广州举办黑龙江省夏季、冬季旅游推介会，广东省文化和旅游厅均予以积极支持，邀请旅游协会、企业、媒体等参加推介会，提升黑龙江冰雪旅游在广东的知名度，搭建两省文化和旅游企业交流平台。12 月，为深入打造"寒来暑往，南来北往"合作品牌，扩大"活力广东 时尚湾区"广东文旅品牌知名度和影响力，广东省文化和旅游厅组织部分地市、文旅企业前往黑龙江省哈尔滨市举办2023 广东文化和旅游冬季推介会。

（五）推动企业实现客源互送共享

广东省着力引导发动广之旅、广东中旅、广东国旅、携程、途牛和同程等线上、线下旅行平台的积极作用，把黑龙江作为重点线路进行推介营销，持续推动送客入黑工作。黑龙江省旅游协会体育旅游分会与广东省自驾协会达成战略签约，开展广东省"百城千车万人驾游黑龙江"活动，为龙粤两省自驾车友架起互动的桥梁。据统计，2023 年广东省接待黑龙江省游客 281 万人次，赴黑龙江省游客 161.3 万人次。

（六）两省宣传部门积极开展文化产业交流合作活动

一是为提升两省文化产业投融资合作水平，11月28~29日，广东省举办2023粤港澳大湾区文化产业投资大会，专门邀请黑龙江省委宣传部参加，并在大会期间对黑龙江省优质文化产业项目进行推介，吸引数十家知名投资基金关注。二是促进两省文化人才交流培养，12月10~13日，广东举办全省文化产业骨干人才培训班（第一期），邀请黑龙江省委宣传部组织该省5名优秀文化企业家参加培训，与广东省文化企业家开展座谈交流活动，并现场考察华为、大疆、凡拓数创、云天励飞等广东省优秀企业。

二、下一步工作打算

（一）深入推进文化和旅游产业合作

借助深圳"文博会"、广东国际旅游产业博览会、广东文化和旅游产业投融资对接会以及"哈洽会"、黑龙江"文博会"等平台，提高两省文化和旅游产业资源互通，继续鼓励更多社会资本积极参与、共同开发两省文化和旅游项目，促进两省文化和旅游高质量发展。

（二）持续打造"寒来暑往，南来北往"营销品牌

以广东省和黑龙江省为旅游目的地，建立"政府+企业+媒体"的营销宣传机制，不断强化推广两地文化和旅游资源及线路产品，提升目的地文化旅游品牌形象。

（三）加强文化艺术交流合作

推动两省在艺术创作、文艺演出、非遗保护等方面的交流与合作，积极组织参加中俄文化大集等活动。

（四）共同推动旅游市场复苏

持续发动业界尤其是旅行社和线上旅行商参与策划跨区域旅游连线产品，引导旅游景区、酒店等企业在特定时段为对方游客提供优惠政策，调动企业积极性，大力组织客源互送，共同推动两省旅游市场发展。

（五）建立两省文化和旅游市场执法协作机制

加强两省旅游投诉、旅游执法协作及培训的相关合作机制建设，共同维护两地旅游市场秩序，保障旅游者合法权益，有力打击未经许可经营旅行社业务、"不合理低价游"等违法违规现象。

（撰稿人：林楚明、张巍、刘长亮）

第十章　卫生健康对口合作

黑龙江省卫生健康委员会　广东省卫生健康委员会

2023 年，广东省卫生健康委认真学习贯彻习近平总书记关于推动东北全面振兴的重要论述和党的二十大精神，全面贯彻落实省委、省政府的工作部署，根据《东北地区与东部地区部分省市对口合作工作方案》《东北地区与东部地区部分省市对口合作工作评估办法（试行）》要求，在建立两省卫生健康对口合作双组长制的基础上，与黑龙江省卫生健康委深化合作互鉴，持续推动落实《黑龙江省与广东省对口合作 2023 年工作要点》，两省卫生健康领域对口合作扎实有效。

一、2023 年对口合作情况

（一）两地医院合作交流不断深入

在新一轮东北振兴战略引领下，粤黑两省医院合作交流深入推进，尤其是自 2018 年齐齐哈尔市第一医院确立作为南方医科大学非直属附属医院以来，南方医科大学南方医院（以下简称"南方医院"）与齐齐哈尔市第一医院交流合作深度广度不断拓展，成为两地医院合作交流工作典范。2023 年，该院与齐齐哈尔市第一医院对口合作继续得到深化。一是推进慢病中心建设项目。2月，时任齐齐哈尔市第一医院党委副书记、院长黎原到南方医科大学交流洽谈，双方交流建设慢病中心项目合作事宜。二是进一步深化人员往来。齐齐哈尔市第一医院派人到南方医院进修学习、挂职锻炼成为常态，有效促进了齐齐哈尔市第一医院管理水平和医疗技术水平的提升。齐齐哈尔市第一医院血液内科姜明、风湿免疫一科张寒凝到南方医院进修；博士后孟祥锦到南方医科大学进修，大学为进修人员提供免住宿费、免水电费保障条件。血液内科姜明进修期间通过参与科室临床教学、临床科研和 GCP 项目实践，极大提升了对血液病危重症患者的救治能力和临床科研能力，将南方医院血液科先进经验带回医院，并获评南方医院 2023 年第三批优秀进修生称号。三是加强人才培养。5 月，双方联合培养的第一位硕士研究生孙英进行毕业答辩。9 月，组织召开齐齐哈尔市第一医院与南方医科大学联合培养研究生、博士后科研工作进度及研究成果线上汇报会，听取硕士研究生吴霜、博士研究生廖晴及博士后孟祥锦、许林的课题进度汇报，并进行指导和建议。

（二）中医药领域合作交流持续深化

2022 年 1 月，南方医科大学与黑龙江省中医药科学院签订战略合作协议，全面展开中医药领域合作。2023 年，双方共同申报的科研项目"改善呼吸系统免疫功能的中成药芪风固表颗粒的评价及二次开发"中榜黑龙江省揭榜挂帅科技攻关项目；双方推进国家《古代经典名方目录（第二批）》中的"栀子豉汤"合作研发，对栀子豉汤的化学成分、药效物质基础及作用机制等作了深入研究；联合对动物药地龙进行蛋白及多肽提取、外用剂型筛选及产品研发。

（三）开展两地卫生健康业务工作交流

根据对口合作 2023 年工作要点的要求，粤龙两地卫生健康部门积极开展业务工作交流互鉴。一是邀请黑龙江学员参加广东省紧急医学救援队队长（协调员）培训项目。8~9 月，应广东省邀请，黑龙江省选拔推荐了当地学员参加广东省第三期紧急医学救援队队长（协调员）培训项目。该项目以培养紧急医学救援方面的基层领军人才和业务骨干为目标，通过为期八周的理论和实践培训，全面提升学员的应急管理协调能力和医学救援专业水平，带动当地紧急医学救援力量成长和发展。二是开展两地院前急救体系建设调研交流。8 月，黑龙江省人大常委会副主任贾玉梅带队一行 10 人到粤开展院前急救体系建设情况专题调研及工作交流。

二、2024 年工作思路

（一）加强合作交流

鼓励两省医疗机构在医疗技术、科学研究、专科共建等方面加强合作交流。鼓励广东省医疗卫生机构赴黑龙江省设立分支机构或开展互利合作，增加黑龙江省医疗卫生资源供给。

（二）深化机构合作

继续加强医疗卫生机构合作。持续深化南方医科大学与齐齐哈尔市第一医院合作，进一步开拓合作空间、延伸合作领域、深化合作内容。

（三）加大人才培养力度

提升广东省与黑龙江省卫生健康领域人才，特别是高端人才的合作培养工作力度。加大医药卫生体制改革、医学继续教育培训以及中医药等方面的交流合作力度。

（撰稿人：林振达、李东强）

第十一章　科技对口合作

黑龙江省科学技术厅　广东省科学技术厅

2023 年，黑龙江省科技厅与广东省科技厅以习近平新时代中国特色社会主义思想为指导，根据《黑龙江省与广东省对口合作"十四五"实施方案》《黑龙江省与广东省对口合作 2023 年工作要点》的相关要求，认真落实两省对口合作框架协议内容并开展了务实有效的合作。

一、2023 年对口合作工作情况

黑龙江省科技厅按照市场化、专业化要求对《黑龙江省孵化器载体建设奖励细则》进行了修订，相关内容于 9 月 15 日在与省财政厅联合修订印发的《黑龙江省科技类产业政策实施细则》中发布，对与广东省等重点合作省区的合作内容进行规范，明确具体举措，明晰合作路径与支持力度，破解合作"不通、不畅、不对等"等问题。广东省继续引导两省科研机构和企业开展合作，鼓励两省科研院所和企业结成对口关系，开展经常性互访交流学习，推动科研成果产出化，促进两地创新发展和产业升级。

（一）体制机制合作情况

一是坚持"能复制皆复制，宜创新即创新"的原则，"带土移植"深圳先进政策和成功经验。深哈产业园在产业、人才、科技、金融等方面累计推动 82 个深圳好经验、好做法在园区先行先试，开创了黑龙江省史上第一例招投标"评定分离"和第一例创新型产业用地，对促进哈尔滨的改革创新发展和营商环境优化发挥了重要作用。二是深哈产业园始终坚持营造"类深圳"营商环境，以更加优质的服务助力园区企业高质量发展，努力打造深圳企业机构在黑龙江及俄罗斯投资发展的桥头堡。

（二）科技合作交流情况

一是深化两省科技部门交流。广东省科技厅联合黑龙江省委组织部、科技厅于 11 月在粤举办黑龙江科技系统"实施创新驱动发展战略、加快培育高新技术企业"共 58 人参加的专题研讨班，活动取得了预期效果。广州市科技局与齐齐哈尔市科技局组织开展对口科技合作座谈会，就持续挖掘产业发展和转型升级需求，依需求研究开辟新合作领域等方面进行深入探讨，持续强化合作基础。江门市科技局与七台河市科技局建立《江门市与七台河市科技创新合作事项清单》，围绕异地孵化器建设、科技特派员定点帮扶、创新联盟建设、技术联合攻关、科技成果转化五个方面推动科技合作。茂名市科技局和伊春市科技局于 8 月在伊春召开"携手并进 共谋发展"伊春—茂名科技交流座谈会。佛山市科技局和双鸭山市分别于 4 月和 9 月互访开展对口交流活动，双方就强化科技合作工作机制、促进协同创新和科技成果转化、推动创新资源双向流动等进行深入交流。肇庆市科技局与鸡西市科技局成立了对口合作协调工作小组，双方制定了《肇庆市鸡西市科技协同创新推动转型升级实施方案》。4 月，东莞市科技局赴牡丹江市参加黑龙江省科技成果转化招商大会（龙粤合作专场）。2022 年 8 月至 2023 年 2 月，牡丹江市科技局副局长到东莞市科技局跟岗学习。8 月，惠州市发动新型研发机构高层次人才到大庆市参加国情研修班；惠州市孵化器协会与大庆市孵化联盟、孵化园区交流互访，加强合作。汕头市与鹤岗市科技局持续交流，谋划围绕两市重点产业发展方向开展科技合作。通过科技部门的对口交流，有效地推动了两省科技合作工作。二是双方积极搭建交流合作平台。8 月 9 日，黑龙江省科技厅、工信厅、科学院和广东省科学院在哈尔滨联合主办"龙粤合作 汇智龙江"主题成果路演活动，两省科学院签署了战略合作框架协议，围绕生物经济、数字经济等领域开展 10 余项优质成果路演和推介。4 月 22 日于深圳举办的以"南北共享新机遇，合作擘画新未来"为主题的黑龙江—广东产业合作与开放交流大会上，广州小惠科技等多家公司获邀参加，双方共推荐 1000 万元现场签约合作项目，成效显著。双方对接协调黑龙江省主要领导参观调研中国科学院深圳先进技术研究院有关事项，并与深圳先进院达成合作意向。鼓励深圳联合飞机在黑龙江省发展大载荷植保无人机，并列入黑龙江省重点研发计划数字经济专项农业数字化项目指南。

（三）创新平台建设情况

一是双方务实推进平台交流对接。推动粤港澳大湾区金属新材料产业联盟与黑龙江省金属新材料产业技术创新联盟交流对接，中国一重、中车齐车等金属新材料产业联盟理事单位与广东博士科技有限公司、华南理工大学等形成了"高强度铝合金中空型材""高硬度耐磨板材"等多个合作意向。广州市围绕装备制造、新材料等重点领域，邀请齐齐哈尔中车齐车、齐二机床等企业到广州市考察交流，推动两地企业在工业设计、材料研发、产品制造等领域拓展合作思路，建立初步合作意向。齐齐哈尔市邀请广东海洋大学加入联盟，促成广东海洋大学与哈尔滨东盛金材合作签约。东莞科技孵化协会与牡丹江孵化器联盟拟订合作协议，双方积极开展对接，东莞市分享在高新技术成果转移转化、科技创新服务平台建设等领域的工作经验，为牡丹江市孵化器、众创空间提档升级提供借鉴。江门市与七台河市收集汇总七台河市企业技术需求 51 项，推动五邑大学、江门职业技术学院等 4 家单位达成合作意向 16 项，促成七台河市宝泰隆公司与美达锦纶公司签订合作协议，共同开展基于石墨烯与聚酰胺的复合产品制备与应用技术开发。江门市推动双碳实验室科研团队与七台河市企业建立对接联系，拟开展粉煤灰回收、煤制天然气、针状焦制备、锂离子电池负极材料等技术攻关。肇庆市将鸡西市的煤炭和石墨材料等资源介绍给企业，当地企业理士电源与鸡西贝特瑞石墨已签订协议，将合作成立先进铅酸电池用高性能碳材料实验室。二是进一步深化两省科技服务机构合作。粤港澳大湾区金属新材料产业联盟与齐齐哈尔市科技局启动"推动南北互动支撑东北振兴科技合作行动"。东莞市专业科技成果转移机构与牡丹江市开展对接服务。广东独联体国际科技合作联盟与黑河自贸片区开展合作对接，双方就联合开展对俄科技合作、协同打造对俄科技创新创业平台拟定科技合作协议。9 月，肇庆市在第十二届中国创新创业大赛（广东·肇庆赛区）暨肇庆市第八届"星湖杯"创新创业大赛设立了鸡西分赛区，鸡西市唯大新材料科技有限公司的"钠离子电池负极材料项目"项目获得成长企业组三等奖。

（四）项目合作招商引资情况

一是重点领域和科研合作项目众多。2023 年，广东省重点领域研发计划"激光与增材制造""智能机器人与装备制造""新能源汽车"等重大专项，支持了黑龙江省内的哈尔滨工业大学、哈尔滨工程大学、齐齐哈尔二机床（集团）有限责任公司等单位牵头或参与的项目共计 9 项，项目财政资金共支持 1.25 亿元，其中，黑龙江省单位获得广东省财政资金 1894 万元。广州市加强对口合作重点项目跟进，全面推进合作项目结题验收，完成或正在推进广州数控和齐重数控"重型数控机床系统国产化"、华南理工大学与建龙北满"高品质模具钢关键技术研发及应用研究"、南方医科大学与齐齐哈尔第一医院"齐齐哈尔市建设以神经胶质瘤防治为研究重点的临床和科研合作平台"、黄埔文冲船舶有限公司与中国—重"船用高硬可焊特种钢研制"等系列项目。4 月，黑龙江坤健农业股份有限公司与广州小惠科技有限公司签约"灵芝酵素"合作项目，计划投资 1000 万元用于实验室、中试车间、设备等生产线配套设施建设，目前，企业已投资 485 万元开展项目工程施工等。2023 年，佛山鲲鹏现代农业研究院与黑龙江大学联合培养硕士 4 名，联合开展特色功能性低 GI 水稻育种工作，开发适宜佛山的功能性水稻品种。汕头市和鹤岗市推进了科技合作项目"汕头—鹤岗对口合作提升科技创新能力工作"，完成了"汕头—鹤岗对口合作提升科技服务效能"的验收工作。二是积极组织开展科技招商活动。2023 年，两省共开展各类科技招商活动 4 次，签约项目 6 个，签约额 7.85 亿元，引进科技金融机构 1 个，引进科技创新人才团队 1 个。

二、2024 年工作思路

（一）全面推动深哈科技创新合作向纵深发展

以深哈产业园为抓手，持续全面推动深哈科技创新合作向纵深发展。梳理广东省科技龙头企业与黑龙江省高校院所开展合作的技术需求清单，协助深哈产业园与企业深入对接，谋划在深哈产业园联合成立研发中心等新型研发机构。帮助深哈产业园与广东等地有成功经验的高水平孵化器、众创空间开展深入对接。借助深圳"高交会"等平台，通过举办会中会、展中展等系列举措，重点面向哈工大、哈工程等高校在深圳的校友等群体，吸引更多企业、资金、技术和人才等资源向哈尔滨集聚。

（二）持续深化产学研合作

推动两地高校、科研机构与科技型企业之间常态化开展产学研对接交流与合作。积极发挥粤港澳大湾区金属新材料产业联盟平台作用，深化与黑龙江省金属新材料产业技术创新联盟沟通协作，持续挖掘科技合作的着力点和突破口，以产业链条优势对接推进重点产业合作。

（三）持续推动合作项目验收

持续加强对现有对口科技合作项目的服务跟踪，及时了解掌握项目进程。同时借助已有项目合作基础，与项目承担企业探索拓展合作方式，打造全方位对口科技合作平台。

（四）持续开展两地互访交流

两省科技部门开展常态化沟通联系，围绕企业合作需求强化科技合作对接，结合工作实际组织召开科技成果对接活动，推动两地企业友好往来，进一步深化合作。配合做好黑龙江省科技系统及有关地市广东专题研讨班组织协调工作。

（撰稿人：杨保志、王海泉）

第十二章　教育对口交流合作

黑龙江省教育厅　广东省教育厅

2023 年，广东省、黑龙江省教育厅坚持以习近平新时代中国特色社会主义思想为指导，积极贯彻习近平总书记关于对口合作的重要指示精神，认真落实国家和两省省委、省政府工作部署，按照《黑龙江省与广东省对口合作 2023 年工作要点》，充分发挥龙粤职业教育协同发展联盟（以下简称"龙粤联盟"）等平台作用，在党建合作、人才培养、师资队伍建设、产教融合、中俄教育合作等方面开展了一系列具体工作，取得良好成效。

一、2023 年工作情况

（一）健全沟通合作机制，开展深层次多领域合作

两省教育厅建立健全教育对口合作机制，围绕对口合作重点工作，明确两省教育合作目标、内容和方式，旨在促进教育资源的共享和优势互补，推动教育领域的深度合作与发展。6 月 19 日，两省联合召开龙粤联盟推进会，扩大联盟规模，优化院校结对关系，共研共商两省职业院校高质量发展具体路径，目前联盟成员院校已从 19 所增加到 23 所。推动龙粤联盟成员院校进一步完善日常业务交流长效机制和校际合作定期会商机制，通过线上、线下相结合的方式开展沟通交流，促进两地教育管理干部和专家互派互学互鉴，携手推进院校治理、教育教学改革、校园文化建设等。组织黑龙江省高职校长赴广东省高职院校开展调研交流活动，深化两省职业教育合作交流。广东省将哈尔滨工业大学（深圳）列入本省高水平大学建设计划，支持哈尔滨工业大学（深圳）参与建设鹏城实验室等在粤重大创新平台，承担新一代信息技术、高端装备制造、绿色低碳等区域重大专项课

题，为综合性国家科学中心建设提供有力支撑。考虑人口流动和生源变化情况，黑龙江省高校向广东省增加投放本科招生计划，2023 年黑龙江省高校向广东省投放本科计划1873 人，比上年增加 60 人。

（二）加强党建工作交流，完善思政育人体系

两省院校坚持党建引领，做强红色引擎，在党建工作方面展开学习交流，积极探索党建工作新方法，以党建引领对口合作工作开展。广东机电职业技术学院与结对学校黑龙江省商务学校开展党建共建，确定汽车学院、设计学院支部结对意向，并在结对学校推广应用广东机电职业技术学院"立体化大思政育人体系"，助推结对学校推进教学改革，有效构建"大思政"工作格局。广东轻工职业技术学院举办为期 7 天的"党建思政骨干江西红色文化实践研修班"，通过专题学术报告、实地参观、主题党课教学、体验教学等多种方式，激发提振党政干部和教师的精气神，提高学校思政育人水平，并组织黑龙江省大兴安岭职业学院等 13 所高职高专院校共 38 名党政干部及思政课骨干教师参加。

（三）深化人才培养合作，携手共育工匠人才

两省院校在人才培养方面深化合作，持续探索职教实验班、共享人才培养方案、共育专业人才等新模式，为两省高素质技术技能人才培养提供新范式。广东科学技术职业学院与黑龙江旅游职业技术学院联合创办"东西协作职教实验班"，录取 4 个专业共 174 名学生。目前，职教实验班已招生四届共 742 名学生，第一届职教实验班学生已顺利毕业。持续加强空乘专业的协同育人，开办的空乘专业实验班已培养三届 95 名学生。广东农工商职业技术学院与黑龙江农业工程职业学院深化共建酒店管理与数字化运营姊妹专业，开展专任教师座谈会，制定共建专业工作方案，不断完善人才培养机制，促进同类专业共赢发展。构建信息共享机制，在产教融合的人才培养模式改革、OBE 人才培养方案制定方法等方面进行有效沟通，合作开展了"现代农业装备技术"国家专业标准的制定工作。

（四）加强师资队伍交流学习，提高师资队伍质量

两省院校通过开展骨干教师联合培养，提高教师的专业素养和教育教学能力，促进教育资源的共享和优化。广东科学技术职业学院组织专家赴结对学校黑龙江旅游职业技术学院指导高水平专业群建设、课程建设，与结对学校教师共享本校牵头主持的会计信息管理专业国家级教学资源库教学实训资源，为结对学校 30 余名教师进行资源库使用专题培训。广东交通职业技术学院邀请黑龙江交通职业技术学院 10 名教师参加"城市轨道交通专业课教师课程实施能力提升"国培班、"人工智能在智慧交通领域中的应用"国培班、曹成

涛名师工作室等，通过培训提升教师教科研能力，推进职业教育产教融合，促进职业教育改革发展和教师专业发展。广州番禺职业技术学院国家"万人计划"教学名师为黑龙江建筑职业技术学院13名教师进行课程思政专项培训，提升教师课程思政教学设计能力和思政育人能力。龙粤联盟组织广东省40多位教师参加黑龙江建筑职业技术学院开展的"1+X"建筑工程识图职业技能等级培训。

（五）搭建产教融合平台，共建共享优质教育资源

两省院校共同搭建产教融合平台，加强实训中心、思政阵地等基地建设合作，共同培养"四有"新人。广东科学技术职业学院启动大湾区民航人才培养项目，以"广科珠港航空产业学院"为依托，旨在培养符合大湾区民航服务产业链需求的国际化民航人才，安排9名黑龙江旅游职业技术学院空乘专业学子前往香港国际机场实习。广东农工商职业技术学院与黑龙江农业工程职业学院互相加入对方牵头成立的联盟共同体，着力在搭建产教融合平台上下功夫，切实实现合作共赢。广东科学技术职业学院投入92万元帮助结对学校黑龙江旅游职业技术学院建设民航服务综合实训中心，助力结对学校改善教学实训环境，提高职教实验班人才培养质量。广州番禺职业技术学院与黑龙江建筑职业技术学院瞄准人才培养，聚焦行业产业转型升级，共建专业实训基地。广东轻工职业技术学院向大兴安岭职业学院开放线上教学资源，联建广告艺术设计专业，吸纳大兴安岭职业学院为新一轮职业教育广告艺术设计专业教学资源库国家级子项目建设单位。

（六）开展中俄教育合作，深化教育国际交流

广东省组织全省中小学参加中国教育国际交流协会与俄罗斯伊万诺沃国际儿童院举办的"2023中俄儿童创意节"活动，共推荐80项作品，9项作品入选全国优秀作品。广东省大力支持深圳北理莫斯科大学建设、发展，指导其做好党建、思政、意识形态等工作。

二、2024年工作计划

（一）加强两省院校互访交流

深化两省院校互访交流，通过深入了解结对院校发展存在的"瓶颈"与困难，在精、实、准、效方面下功夫，进一步整合资源，健全完善合作机制，不断推进教育对口合作

工作。

（二）完善联盟联动机制

推进龙粤联盟专家信息库、校企合作资源库建设，积极动员龙粤联盟成员加入"云中高职"体系，推动优质教育资源共建共享；推广辐射职教改革经验，发挥示范引领作用；继续扩充联盟力量，扩大联盟影响力；创新联盟成员院校师资培训和实验班学生实践教学活动，提升人才培养质量。

（三）推广人才培养特色品牌

加大两省院校"东西协作职教实验班"模式的宣传力度，以广东科学技术职业学院和黑龙江旅游职业技术学院"东西协作职教实验班"为示范，在粤黑两省推广人才联合培养模式和经验，协助顺德职业技术学院深入落实现代学徒制领域的合作。加强龙粤联盟结对院校二级学院的合作交流，探索专业对接人才培养模式，充分利用两省产业核心竞争力强的优势，结合自身所处地域对专业技能人才的需求，共建同类重点专业。

（四）推进人才双向挂职锻炼

两省结对院校继续互派干部到对方院校挂职锻炼、轮训培训、"插班"学习，参考借鉴管理做法和经验。组织学校骨干教师、专业带头人、教研室主任等到结对院校进修，通过师徒结对和教师轮修等方式，助推授课教师快速成长，同时促进两省教育理念、教学模式的交流碰撞，共同提升教育教学质量。

（撰稿人：梅毅、李洁雯、杨倩、张树舰、王莉、董俊秀）

第十三章　人力资源交流合作

黑龙江省人力资源和社会保障厅　广东省人力资源和社会保障厅

2023 年，广东省与黑龙江省人社部门坚持以习近平新时代中国特色社会主义思想为指导，深入贯彻落实《黑龙江省与广东省对口合作 2023 年工作要点》要求，持续加强两省技工教育交流合作，共同推动人才队伍发展。

一、2023 年对口合作情况

（一）加强两省劳务协作

指导两省公共就业服务机构紧密合作，推进广东省东莞、佛山、深圳市与黑龙江省齐齐哈尔、牡丹江、双鸭山、伊春、黑河市等地建立劳务协作关系，通过转移就业促进劳动者就业增收。共同推进讷河市在深圳市点对点合作企业中建立就业服务指导站，为讷河务工人员提供岗位对接、代理维权、点对点返岗就业等服务工作。

（二）持续推进技工教育对口合作

广东省机械技师学院与黑龙江技师学院共同推进"三对接一联盟"工程，双方教师在教学管理、教学方法、教育科研、课程开发等方面加强学习交流、互促共进；双方竞赛团队开展经常性交流活动，共享竞赛队伍建设、训练方法、基地建设等信息。东莞市技师学院与牡丹江技师学院续签为期 5 年的战略合作协议，建立中高层领导交流、教师结对、挂职交流机制，牡丹江技师学院选派骨干教师 1 名赴东莞市技师学院挂职锻炼。东莞市技师学院协助牡丹江技师学院与广东度才子集团有限公司、东莞中科蓝海智能视觉科技有限

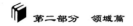

公司等2家优质企业校企双方采用"联合培养、专业共建"的方式开展校企合作。

（三）加强专业技术人才交流培训

广东省举办国家级专业技术人才知识更新工程高级研修项目培训班7期，邀请黑龙江省人工智能、新材料、节能环保、应急管理等领域专业技术人才来粤培训25人次。

二、2024年工作打算

按照省委、省政府相关工作部署，持续开展两省人才培养交流合作。

（一）持续加强两省劳务协作

聚焦两省人才培养交流合作，持续加强两省劳务协作，建立纵向组织推动、横向协作对接的常态化劳务协作机制。

（二）推动双方多层次对口合作

推动双方技工院校多层次对口合作，持续加强技能人才联合培养。

（三）继续开展专业技术人才交流培训

继续在国家级知识更新工程高级研修班中给予黑龙江省培训名额支持，深化两省专业技术人才和高级管理人才培训合作。

（撰稿人：钟秋、李懿桐）

第十四章　城乡建设与管理对口合作

黑龙江省住房和城乡建设厅　广东省住房和城乡建设厅

一、对口合作基本情况

（一）人才交流合作情况

2023 年，两省住房和城乡建设部门认真落实干部跟岗交流锻炼工作。4 月，黑龙江省住房和城乡建设厅选派 1 名副处级干部到广东省住房和城乡建设厅相关处室跟岗锻炼交流半年。11 月，黑龙江省住房和城乡建设厅选派 5 名同志到广东省住房和城乡建设厅相关处室调研学习 2 周时间。广东省住房和城乡建设厅对干部跟岗锻炼周密安排，召开座谈会开展业务交流，开放厅机关办公系统，组织参加行业研讨会，协助到地市相关部门调研，让交流学习的干部深入了解广东省住房城乡建设工作情况。黑龙江省住房和城乡建设厅的同志表示通过来粤跟岗学习，在勘察设计行业管理、建筑节能与绿色建筑立法、BIM 装配式建筑技术应用、全过程工程咨询、工程总承包管理等方面，开阔了视野、更新了观念，受益匪浅。

（二）支持政务信息化情况

2023 年，广东省住房和城乡建设厅继续支持黑龙江省住房和城乡建设厅政务信息化建设，向黑龙江省住房城乡建设"放管服"改革和"数字政府"改革建设提供信息化技术援建，深入扎实推进政务信息化建设、系统运维和业务运营服务等相关工作，持续推动黑龙江省住建领域政务信息化工作高质量发展。

1. "数字政府" 改革建设

按照黑龙江省"数字政府"改革建设工作部署，积极落实年度各项重点工作任务。一是按照省一体化政务服务平台工作要求，完成黑龙江省住房和城乡建设政务服务管理信息系统（以下简称"政务服务管理信息系统"）办件过程数据推送、好差评服务对接、网上办事平台 UI 适配改造等工作。二是按照省一体化政务服务平台电子证照新版标准，调整政务服务管理信息系统电子证书的证照签发程序，完成存量及增量电子证书签发和数据对接。三是按照省政府关于各厅局政务服务系统需迁移至省政务云相关工作要求，完成政务服务管理信息系统的政务云资源申请、服务器软件环境安装部署、迁移前的系统安全测评和整改、电子文件材料以及数据库文件的迁移、各类电子证书二维码地址衔接等迁移整备工作，有序安排并开展相关政务信息系统迁移上云。

2. 系统深化拓展

根据黑龙江省住房和城乡建设厅工作实际和相关业务需求，不断深化拓展政务服务管理信息系统、执业人员网上办信息系统功能，协同配合并完成以下工作：一是按照住房城乡建设部质安司工作部署，完成全省建筑施工企业安全生产许可证、建筑施工安全生产管理人员证和建筑施工特种作业人员证的存量证书换发新国标证书任务，并开发相应申请和自动化审批功能。二是按照黑龙江省建筑业企业安管人员管理工作需要，政务服务管理信息系统对接新版安管考试系统，实现接入学员考试成绩并自动发证和考核的功能。三是政务服务管理信息系统接入全省人员社保缴纳信息，进一步提高行政审批效率。四是配合黑龙江省数字证书认证有限公司调试符合省政务云等保安全运行要求的 CA 登录和电子签章控件，并依据最新的 CA 控件调整政务服务管理信息系统现有功能。五是对于不符合标准要求的企业，限制其安管人员的调出业务，并对该企业安全生产许可证首次申办、延期及变更相关业务同步加以限制。六是完善信息公开子系统功能，新增施工图审查机构名录公开等功能模块。截至 2023 年底，黑龙江省住房和城乡建设政务服务管理信息系统已累计办理各项业务共计 92 万件，签发企业资质、人员资格电子证书 36 万件，共汇集行业企业2.9 万家、从业人员 54.7 万名。黑龙江省住房和城乡建设厅 45 项政务服务事项和 13 项公共服务事项均已全部实现全流程网上办理，网上可办理率达 100%。为 200 家全省各级主管部门 571 名行政工作人员开通行政审批、信息查询、市场管理等权限。

3. 系统技术维护

根据黑龙江省住房和城乡建设厅需求，提供政务服务管理信息系统、执业人员网上办信息系统的技术维护服务。一是推进数据资源共享交换，包括政务服务信息管理中的 18类企业和人员证书信息与黑龙江省住建数据资源中心数据实现共享，以及与黑龙江省政务服务网所需数据、住房城乡建设部新标准数据对接等。二是根据网络安全防护要求，对系统进行安全加固，配合开展漏洞修复等，保证系统安全稳定运行。三是提供日常技术维护咨询服务，指导信息系统业务流程配置和系统权限设置，及时解决相关技术堵点和难点，确保信息系统平稳安全运行。

二、下一步工作计划

下一步，粤黑双方将继续深化业务交流合作，密切配合、取长补短，进一步加强业务联系和技术交流，实现资源共享共用，推动政务信息化协同发展和合作共赢。2024年，广东省住房和城乡建设厅将结合住房城乡建设部有关政策和黑龙江省住房和城乡建设厅工作需要，对黑龙江省住房和城乡建设厅政务服务管理信息系统、执业人员网上办信息系统动态开展适应性调整改造工作。对系统相关申报、审批功能进行升级调整，开展电子证书与住房城乡建设部相关系统对接工作。将二级注册造价工程师行政许可业务纳入政务服务管理信息系统，开发二级注册造价工程师的申报审批子系统，实现造价员变更注册事项的申报与审批。结合工作需求，对资质延续业务进行调整。实现两库业绩自动上报查询、建筑业二级资质预检指标调整等。推进黑河片区和绥芬河片区承接省市两级下放审批事权的系统改造工作。开展电子证书换发工作，持续做好政务服务管理信息系统、执业人员网上办信息系统的日常运维和业务运营服务。

（撰稿人：曹景华、丛根）

第十五章　广电合作

黑龙江省广播电视局　广东省广播电视局

2023 年，黑龙江省、广东省广电部门进一步落实《黑龙江省广播电视局　广东省广播电视局共同推进广播电视行业发展合作框架协议》，对照《黑龙江省人民政府　广东省人民政府对口合作高质量发展框架协议（2023-2025 年）》《黑龙江省与广东省对口合作2023 年工作要点》，积极谋划对口合作项目，深化经验交流，持续做好两省对口合作工作的宣传报道，重点加强对两地文化旅游资源产品的宣传推广，营造支持参与合作的良好舆论氛围。

一、2023 年对口合作情况

（一）开展实地调研，共谋合作发展思路

2 月，广东省广播电视局调研组前往黑龙江，与黑龙江省广播电视局交流、研究落实广电行业对口合作的相关举措，并对正在拍摄的网络电影《林海雪原：智取威虎山》进行了现场调研。网络电影《林海雪原：智取威虎山》由广东省广播电视局指导、腾讯视频出品、黑龙江捌玖影视文化有限公司具体承制，采取实景搭建、真实冰雪、4K 超高清拍摄，再现红色经典，是两省对口合作的精品项目，已入选广东省原创网络视听精品项目库。在提前组织专家审查剧本并提出修改意见的基础上，广东省广播电视局调研组前往佳木斯市桦川县的拍摄现场，与黑龙江省广播电视局、佳木斯市文广旅局、桦川县党委政府领导和腾讯天机工作室、剧组主创人员进行座谈交流，观看样片片段，并对该片枪械道具、角色妆造等提出具体建议。黑龙江省广播电视局加强与腾讯等广东省制作机构合作，

组织开展电视剧《归队》在黑龙江省的采风调研活动，并备案立项电视剧《我叫赵出息》，加深两省在创作生产方面的合作。通过调研合作进一步深化了两省广电对口合作的工作思路，促进两地影视文化产业发展。

（二）制定工作方案，统筹推进项目合作

自 2020 年两省广播电视局共同签订《黑龙江省广播电视局　广东省广播电视局共同推进广播电视行业发展合作框架协议》以来，双方积极完善合作机制，拓展合作领域，两省广电行业合作取得了一定成效。2023 年，为进一步深化两省广电行业对口合作，结合当前的形势任务，两省广播电视局进行了多次沟通和磋商，双方业务处室一对一进行对接和研讨，于 11 月制定实施《共同推进两省广电行业对口合作工作方案》。该方案进一步明确和细化了合作事项内容，重点围绕智慧广电合作、优秀公益广告作品共享、旅游宣传片相互展播、电视剧对口合作、网络视听节目对口合作、探索全媒体经营创收模式合作六个方面加强合作，扎实推进合作项目落地。

两省广播电视局进一步畅通沟通机制，保持良好业务交流。2023 年，两省将近 3 年的优秀公益广告资源进行交换并安排展播，共有 16 部黑龙江省优秀公益广告纳入广东省优秀视听公益广告作品库，33 部广东省精品公益广告纳入黑龙江省广播电视和网络视听节目资源库。11 月，邀请黑龙江省广播电视局组织一批公益广告作品参加第十八届设计之都（中国·深圳）公益广告大赛。两省广播电视局在网络视听节目生产创作上进一步加强合作，推动腾讯参与出品的网络微短剧《警届神探和白月光》（暂定名）在黑龙江立项。

（三）加强主流媒体宣传，营造良好舆论氛围

1. 及时报道两省合作动态

广东卫视《广东新闻联播》《晚间新闻》共同播发《广东黑龙江对口合作工作座谈会在广州召开　黄坤明许勤王伟中梁惠玲黄楚平林克庆蓝绍敏出席》《广东与黑龙江深化对口合作　共促高质量发展》《广东与黑龙江持续开展对口合作　深入推进国家重大战略对接》等稿件，报道"广东·黑龙江对口合作工作座谈会""黑龙江—广东产业合作与开放交流大会"等重要会议内容，介绍合作项目内容、双方合作情况，探讨两省对口合作新机遇。《晚间新闻》播发《"龙粤经贸合作——跨区域协同发展政企学高端对话"在东莞举行》，探讨在双循环发展格局下，"南北对话"为区域协同发展提供的新思路。《广东新闻联播》和《晚间新闻》共同播发《粤企粤货龙江行　共赴哈洽觅商机》，关注为期五天的哈尔滨国际经济贸易洽谈会，报道广东借助"哈洽会"平台，进一步提高粤企市场竞争力和广东产品美誉度，助力广东推进贸易高质量发展、增创发展新优势，推动两省合作共赢。《晚间新闻》播发《黑龙江省双鸭山市产业合作推介活动在珠海举行》，介绍"多彩双鸭山　牵手粤港澳"产业合作推介活动，展示两省对口合作新成果。广东广播电视台触电新闻客户端、荔枝网2023年共发布广东省与黑龙江省对口合作工作相关内容300余条，关注"黑龙江—广东产业合作与开放交流大会"和项目签约仪式等，推出专题"粤龙预食记　美味传千里"，聚焦粤龙合作发展预制菜产业，专题总阅读量超320万。

黑龙江广播电视台和13个地市台各重点新闻栏目结合各地落实龙粤合作指示的火热实践广泛开展主题宣传，呈现两省合作规模不断扩大、合作领域日益拓宽的生动局面。黑龙江卫视《新闻联播》推出系列报道《龙粤合作开新篇》，展现黑龙江省和广东省携手发展、共同繁荣的火热场景。新闻法制频道《新闻法治在线》策划专题板块《凡人小事》，以来哈创业普通广东人的故事为依托，展现南北融合的潜力与前景。极光新闻客户端首屏首页设置"龙粤合作开新篇"专题专区，东北网推出"培育创新发展新动能　助推龙粤两省高质量发展"专题。黑龙江省广电新媒体矩阵聚焦黑龙江省党政代表团广东行活动会议进程、签约结果、龙江产品特色等内容，推出爆款短视频18个，开设微博话题"#龙粤合作开新篇#"，引发网友热烈讨论和关注，阅读量达1200万。

2. 大力宣推文旅资源

大湾区卫视《湾区最新闻》《湾区生活+》等民生类新闻资讯栏目聚焦火爆出圈的哈尔滨旅游播发《太嗨了！这个冰雪季哈尔滨热力四射火力全开!》《哈尔滨对阵顺德　南北队伍冰上赛龙舟》等报道，大力推介当地便捷的旅游服务和极具特色的各类玩法，突出哈尔滨人民的热情好客。广东省新闻频道2023年12月以来大版面高密度持续排播《我在黑龙江等你》《非遗黑龙江邀您前来》等"黑龙江旅游系列宣传片"，展现北国雪乡风光和人文旅游资源，助推两地文旅发展。触电新闻推出两小时长视频《"广东土豆"逛吃哈尔滨小吃街，主打一个量大又实惠》，以Vlog的第一视角带观众"亲身体验"哈尔滨旅游魅力。

黑龙江省各级广电媒体聚焦广东旅游经济和旅游活动开展广泛报道和个性化宣推。极光新闻播发《招商引客彰显亲和力　对接洽谈加强推动力——2023年广东—黑龙江旅游企业对接会"魅力十足"》《"活力广东·时尚湾区"2023年广东文化和旅游冬季推介会走进哈尔滨》等一批重点报道，开展"广东—黑龙江'寒来暑往，南来北往'旅游季开幕式"融媒直播。哈尔滨广播电视台HRB蓝网发布《龙粤号北境列车挥动"魔法棒"创意赋能撬动冰雪"热经济"》等报道。大兴安岭地区融媒体中心通过和揭阳市广播电视台交换播出相关推介片、形象片等方式积极宣传广东省文旅资源，绥化市广播电视台播发《2023广州湛江文化旅游推介会举办》等新闻稿件。黑河新闻综合频道播出《航拍珠海》

《玩转珠澳》等宣传片。无限黑河 App 首页及民生频道发布《有颜值！有故事！珠海私藏的这些古村、古街、古道》《大湾区首个！珠海这个复合型体验式水上活动中心要来了》，鹤岗市融媒体中心播发《"四季汕头欢迎您"汕头文旅推介会举办》。

（四）深化经验交流，加强人才培养合作

3 月，广东广播电视台对外传播中心英文融媒体事业部副监制马粤慧前往黑龙江省委宣传部，就如何通过内容设计进一步加强文化类海外社交平台账号运营技巧进行授课，以英语融媒体国际文化节目《二十四食者》为例，深入浅出讲解网络外宣工作，并与参加培训的人员进行良好互动，交流文化外宣工作的经验做法。10 月，根据黑龙江省广播电视局的邀请，广东省广播电视局推了两名公益广告领域资深专家到黑龙江省广播电视公益广告创作培训班授课。广东省广播影视协会赵随意和广东广播电视台徐婉玲分别以"音视频广告创意方法、问题及思考""公益广告创作的实际操作问题"为题进行授课分享，交流经验。11 月，广东省、黑龙江省广播电视局联合举办粤龙电视剧创作生产培训会，邀请著名编剧周智勇授课，从人物形象、关系、故事及编剧的职责四个层面讲授了剧本从创意转化为作品的过程，周智勇在互动环节答疑解难，呈现了一堂精彩、生动、深刻的创作生产理论和实践课。粤龙两省电视剧内容创作生产单位、剧作家参加了培训会，进一步推动两省制作机构、主创团队交流互鉴，提升创作水平和创意能力。

二、2024 年工作思路

（一）加强智慧广电合作

加强双方技术、业务人员交流合作，通过实地考察、实践学习、授课培训等方式加强技术层面交流，重点围绕"未来电视"核心技术与发展路径、超高清技术、沉浸式视听内容制作等加强交流合作。

（二）加强文旅宣传合作

联合开展宣传活动，拓展融媒宣传渠道，互推宣传资源，开展长期宣传合作。持续做好两省对口合作工作相关新闻宣传，展现文化艺术交流、产业平台互动、客源互送共享等多方面的合作互动。根据"南北互换式旅游"等热点推出文旅相关专题专栏报道，以融媒体直播、系列短视频等形式，展现多姿多彩文旅体验。

（三）加强电视剧对口合作

加强两省电视剧业务的组织化合作和互动交流，在电视剧资源共享、协调服务、项目落地等方面互相给予支持保障。通过组织制作机构到黑龙江省进行实地调研、题材采风等方式，积极寻求更多合作机会，实现互惠共赢。

（四）加强网络视听节目对口合作

建立沟通协调机制，继续加强双方服务机构、制作机构之间的资源共享，搭建对接平台，畅通信息渠道，提高双方资源利用效率，在网络剧片拍摄制作、推广等方面互相提供支持保障。

（五）优秀公益广告共享

双方就公益广告生产和管理加强业务联系，每年组织开展两省优秀广播电视公益广告作品互播共享。

（六）探索全媒体经营创收模式合作

搭建两省融媒体中心交流沟通的平台，通过考察学习、举办讲座等方式交流经营经验和工作方法，协调促进两省融媒体中心在活动策划、信息发布、品牌推广、项目对接等方面深度合作。

（撰稿人：刘钊、王秀文）

第十六章　旅居养老服务合作

黑龙江省民政厅　广东省民政厅

根据工作安排，两省民政部门积极开展对口交流合作，积极搭建"旅居养老"服务平台，为养老服务创新发展提供广东方案，持续推进对口合作工作开展。

一、2023 年工作情况

（一）高位部署全面推动

高度重视旅居养老工作，多次召开专题会研究部署推动旅居养老工作，并将其纳入《2023 年广东民政工作要点》。认真落实《广东省、辽宁省、吉林省、黑龙江省民政厅旅居养老合作框架协议》，积极与签约省份进行供需对接，持续推动"旅居养老"合作协议落实落地。

（二）扩大旅居养老"朋友圈"

2 月，在广州召开十四省区市民政厅（局）旅居养老合作交流座谈会，包括黑龙江省在内的十四省区市民政厅（局）领导参加会议并分享旅居养老成果，在会上审议通过了《十四省区市旅居养老合作规程》，并举行旅居养老合作联通仪式。5 月，广东—广西旅居养老首发团欢迎仪式在广西阳朔举行，活动现场启动广西广东康养产业合作框架协议，广西、广东、江西、黑龙江、辽宁、云南、陕西七省（区）有关行业组织签署了旅居康养（养老）合作协议。6 月 27 日，中国老年旅居康养论坛暨 2023 年天鹅颐养经济走廊城市合作机制年会在黑龙江省大庆市成功举办，举行"百城联动　旅居康养"线上、线下签约仪式，黑龙江省内 13 个市（地）与广州、深圳、惠州等全国 126 座城市达成了旅居康养联动合作共识。7 月，与内蒙古自治区等十省区市签订《旅居养老合作框架协议》。9 月，广东—山西旅居养老首发团欢迎仪式在山西太原举行，同月，组织前往吉林参加"旅居康养项目推介会"。11 月，在广州保利世贸博览馆举行"推动旅居养老全国一盘棋 助力养老产业运营市场化"论坛，来自 29 个省区市的民政部门领导、养老行业专家、学者、社会组织代表、旅居养老企业机构代表共计 260 余人出席了此次论坛。论坛上，来自各省区市的 109 家社会组织和旅居养老企业达成共识，签订了《推动旅居养老全国一盘棋战略合作框架协议》。12 月，在 2023 年中国—东盟大健康产业峰会暨大健康产业博览会开幕式上与广西壮族自治区民政厅续签《旅居养老合作框架协议》，持续推动旅居养老省际合作走深走实。

二、2024 年工作思路

2024 年，根据国家和两省省委、省政府的部署要求，结合粤黑两省特点和优势，进一步完善交流合作机制，搭建好合作平台，按照政府推动、市场运作的原则，充分发挥市场在资源配置中的决定性作用，推进两省在养老服务领域的深度交流合作，满足老年人多样化的服务需求。

（撰稿人：宣力、李彦冰）

第十七章 广东自贸区与黑龙江自贸区合作

——绥芬河片区与南沙片区合作

中国（黑龙江）自由贸易试验区绥芬河片区管理委员会

中国（广东）自由贸易试验区广州南沙新区片区创新工作局

为深入贯彻落实黑龙江省与广东省对口合作有关文件要求，黑龙江自贸区绥芬河片区与广东自贸区南沙片区围绕制度创新、政务服务、产业发展等多个领域深化合作，探索创新经验，取得了积极成效。

一、2023 年工作成效

（一）共享先进经验

南沙片区与绥芬河片区围绕制度创新、政务服务、产业发展、金融创新、贸易便利化、人才引进与交流等领域深化合作，探索创新经验相互复制推广的联动试验、互补试验、协同试验，发挥示范带动、服务全国的积极作用。

（二）加强片区合作交流

3 月初，绥芬河片区管委会国际合作促进局、行政审批局、综合办公室赴南沙片区专题对接政务服务数据管理局（行政审批局），双方就两地自贸片区建设、制度创新、贸易便利化等情况开展座谈交流，分享改革经验与做法。12 月 20 日，南沙开发区政研室在 2023 全国自贸片区创新联盟合作交流大会暨中国（黑龙江）自由贸易试验区高端论坛上，围绕全球溯源中心，推介分享南沙片区在数字经济领域的创新实践。

二、下一步工作计划

（一）协同推进制度创新

两地将继续在跨境贸易、金融平台、知识产权等方面学习借鉴，深化政府服务改革和制度创新经验交流与合作，探索推出一批高水平创新举措。

（二）共建配套服务体系

依托南沙片区全球溯源中心实现外贸管理模式创新，发挥绥芬河片区对俄贸易、互市贸易等优势以及南沙片区在国际贸易、航运物流、仓储配送、全球分拨等方面的资源优势，加强两地外贸链条的配套协作，促进相关联的物流、仓储等产业发展。

（撰稿人：王默雷、司学婧）

第十八章 对俄外事交流合作

中共黑龙江省委外事工作委员会办公室
中共广东省委外事工作委员会办公室

2023年，在外交部的指导下，两省积极借助中俄友好、和平与发展委员会地方合作理事会平台，充分发挥广东省、黑龙江省以及俄罗斯有关州区三方合作的优势，龙粤携手开展对俄合作取得较好成效。

一、2023年工作情况

（一）加强高层互动交流

4月，广东省政府副秘书长张玉润会见了来粤访问的俄罗斯萨哈（雅库特）共和国政府副主席鲍里索夫。鲍里索夫一行先后访问了黑龙江省、广东省，在粤期间，代表团专程参加了第133届"广交会"，展现了中俄高层互动的积极态势，突出了地方合作的潜力。10月，广东省人大常委会副主任叶贞琴率团赴俄罗斯哈巴罗夫斯克边区访问，其间与哈巴罗夫斯克边区杜马主席济库诺娃、黑龙江省人大常委会副主任聂云凌共同参加三地立法机构会晤，有力推动了三方在相关领域的务实合作。

（二）深化"两国三地"交流互动

广东省—黑龙江省—俄罗斯哈巴罗夫斯克边区立法机构会晤于10月9日在哈巴罗夫斯克边区举行，三地立法机构负责人、议员、商协会、企业、媒体等逾100人与会，哈巴罗夫斯克杜马主席济库诺娃亲自主持。广东省人大常委会副主任叶贞琴、黑龙江省人大常委会副主任聂云凌、俄罗斯哈巴罗夫斯克边区杜马主席济库诺娃在大会上分别发言并共同签署《中国广东省人民代表大会常务委员会黑龙江省人民代表大会常务委员会与俄罗斯哈巴罗夫斯克边区立法杜马合作协议》。该协议按照平等相待、互信互鉴、共赢发展的原则，明确了三地七个方面的具体合作方向和四个方面的合作形式，为三地建立、发展和巩固立法机构间联系与合作奠定了坚实的基础。

此外，广东省珠三角及沿海地区 13 个市与黑龙江省所辖的 13 个地市建立结对关系，2023 年实现龙粤俄城市交流论坛全覆盖。

二、下一步工作计划

广东省积极联合黑龙江省拓展与俄地方政府各领域的交流合作，积极推动高层领导交往。利用中俄友好、和平与发展委员会地方合作理事会平台，扩大经贸、投资、人文等领域的交流合作。利用现有机制平台推动黑龙江、广东两省与友城圣彼得堡市和哈巴罗夫斯克边区的进一步友好合作。支持广州、深圳、珠海、汕头、佛山、惠州、东莞、中山、江门、湛江、茂名、肇庆、揭阳等市开展龙粤俄城市交流合作活动，深化与俄罗斯友城及其他城市的交流合作。

（撰稿人：鲁澎灏、王丹妮）

第三部分　地域篇

第一章　哈尔滨市与深圳市对口合作

哈尔滨市发展和改革委员会　深圳市乡村振兴和协作交流局

2023 年，深哈两市市委、市政府深入贯彻落实习近平总书记主持召开新时代推动东北全面振兴座谈会和视察广东省、黑龙江省时的重要讲话重要指示精神，按照党中央、国务院关于组织东北地区与东部部分省市对口合作的战略部署和深哈对口合作第八次联席会议精神，在国家发展改革委和广东省对口合作办大力指导及支持下，聚焦提升服务国家战略能力、健全发展体系、构建高效合作机制、推动产业合作、强化项目支撑、打造产业园区、优化营商环境、汇聚创新人才、实现优势互补等重点领域，凝聚发展合力，实现工作突破，全力将深哈合作打造成为对口合作全省全国样板。

一、2023 年对口合作工作情况

2023 年，深哈对口合作工作进入持续深化阶段，两市相关部门、区县和市场主体进一步精准对接、务实合作，在人员互访交流、产业协作、平台共建、多领域交流合作等方面取得新进展、新成效。

（一）工作谋划精准务实

两市提前谋划、及早部署，共同研究制定《深圳市与哈尔滨市对口合作 2023 年工作计划》，明确围绕强化统筹协调、加强互学互鉴、夯实重点领域合作、做优做强深哈产业园、搭建合作平台 5 大方面，提出 22 项合作重点任务，明确责任部门及完成时限，按季跟踪、半年小结，及时总结合作亮点，梳理短板弱项，有效推动各单位密切对接、精准合作。同时，根据两市市委主要领导会晤情况和深哈对口合作第八次联席会议议定事项，梳理形成合作任务分工表，细化任务分工，明确工作责任，推动对口合作工作落实落细。

（二）互访互动更加紧密

4月21~23日，黑龙江省委书记、省人大常委会主任许勤率黑龙江省党政代表团到深圳考察，与深圳市委书记孟凡利、市长覃伟中会谈交流，为两市进一步深化合作指明方向。2023年，两市高层共开展14次互访交流活动，哈尔滨市委书记张安顺、市长张起翔分别带队赴深圳考察交流，与深圳市委书记孟凡利、市长覃伟中等领导共商深化合作事宜。6月14~15日，深圳市政府分管领导率经贸代表团赴哈尔滨市参加第三十二届"哈洽会"系列活动，考察重点合作项目和企业。8月25日，深哈对口合作第八次联席会议在深圳市召开，听取对口合作工作进展情况，研究部署下一步重点工作。此外，两市相关职能部门和区县（市）频繁开展互访交流活动，推进合作事项落地落实。

（三）交流培训持续开展

哈尔滨市委组织部组织第四批市管干部4人分别赴深圳市财政局、市发展改革委、龙华区、坪山区进行为期半年的跟岗学习，其中，正局级"一把手"2人，副局级2人。哈尔滨市委组织部选派国家级开发区、市直重点部门30名处级干部赴深圳市企业进行为期30天的实训，交流学习深圳市优化营商环境、政务服务等先进经验。聚焦哈尔滨市干部能力提升需求，围绕民营经济发展、产业协作、乡村振兴等主题，深圳市2023年组织2批次共100名哈尔滨市干部人才赴深培训。哈尔滨市在深圳市举办"自贸区开发区规划建设""人大代表和人大干部履职能力提升""工业企业家综合能力提升"等专题培训班。通过干部跟岗学习、专题授课、现场教学、交流研讨等形式，有效促进两市理念共享、经验互鉴、办法互学。

（四）经验移植取得突破

哈尔滨市新区借鉴深圳市人才振兴经验做法，出台《哈尔滨新区暨自贸试验区哈尔滨片区促进重点产业人才振兴发展若干服务措施（试行）》《哈尔滨新区暨自贸区哈尔滨片区促进重点产业人才振兴发展若干服务措施实施细则（试行）》，建立重点产业人才认定分类机制，为人才提供教育、医疗、住房等方面优质高效服务。哈尔滨市营商环境局学习借鉴深圳市政务服务经验做法，实现与深圳市"跨省通办"业务，可在哈尔滨市办理深圳市42个部门2713个事项，包括社保、医保、民政等民生服务事项，帮助在哈尔滨市落户（居住）的深圳市企业（群众）解决办事难题。

（五）产业协作稳步推进

坚持市场导向，以推动深圳"20+8"产业集群与哈尔滨"4567"现代产业体系有效衔接、融合发展为目标，以项目合作为抓手，合力推进产业协同发展向更高水平迈进。截至 2024 年 1 月底，两市累计实施合作项目 148 个，已完成投资 418.4 亿元。2023 年以来，推进续建项目 40 个，完成投资 9.7 亿元，包括哈尔滨新区万科中俄产业园等；推进新建项目 4 个，计划总投资 18.6 亿元，完成投资 1.7 亿元，包括脉图代谢组学数字生命研发创新中心、哈尔滨创意设计中心、国基农副产品冷链仓储物流项目、宾县长青扩建燃气锅炉建设项目；推进竣工投产项目 3 个，包括瑞恒红土基金项目、高热通量石墨烯基散热材料产业化项目、蓝昱生物医药产业园项目；新签约深哈对口合作项目 27 个，计划总投资 186.7 亿元，包括黑龙江大型无人直升机研发生产及民用项目、黑龙江大健康总部基地项目等。

数字经济方面，黑龙江省以主宾省身份参加在深圳市举办的第十一届中国电子信息博览会，12 家黑龙江省企业和哈尔滨工业大学参展。深圳市应邀作为第三十二届"哈洽会"主宾市，组织 34 家数字经济等领域龙头企业、专精特新企业参展。共同举办深哈信创产业合作交流对接会，两市相关信创企业就产业发展机遇和方向展开对话。哈尔滨市经开区与华为云 WeLink 共建数字政府联合创新中心，华为公司深圳坂田基地已举行中心揭牌仪式。哈尔滨市香坊区政府与中建科工集团就智慧停车等项目签署战略合作协议，一期建设已完成。生物经济方面，深圳交易集团与北大荒现代农业服务集团就碳资产开发及绿色碳汇交易项目开展合作交流，并签署框架协议，共同探索生态产品价值实现路径。冰雪经济方面，哈尔滨市在深圳市举办文旅产业招商恳谈会，签约 5 个冰雪经济合作项目，总投资超 54 亿元。创意设计方面，共同主办首届东北亚文化艺术创意设计博览会，意向签约项目 220 余个，签约金额超 1.1 亿元，其间举办的"哈深创意设计双年展"展出 400 余件设计精品，展现两市创意设计和科技创新发展成果。深圳市工业设计行业协会在哈尔滨市成立哈尔滨创意设计中心，引入 27 家创意设计企业落地，赋能哈尔滨"创意设计之都"建设。战略性新兴产业方面，两市开展首台（套）政策梳理工作，互换"三首"等创新产品信息，加快推动首台（套）产品优先采购及目录互认等相关工作。组织 20 余家深圳市新材料领域企业赴哈尔滨市考察交流，并参展第六届中国国际新材料产业博览会。举办"深哈航空航天企业圆桌会议"，两市 40 余家企业代表、行业专家共同研讨空天技术产业高质量发展方向和路径。农业和绿色食品方面，发挥哈尔滨市大农业优势，成立深哈农作物生物育种产业技术创新联盟，推动农科院深圳基因组所与哈尔滨市农科院合作研发的哈粳稻 4 号开展示范推广，2023 年示范面积已达 20 万亩以上。强化农产品产销对接，哈尔滨市在深圳市举办农业和农产品加工项目招商引资推介会，12 家深圳市食品企业与哈尔滨市相关部门签订合作协议。举办好粮油走进大湾区推介会，促成深圳等地企业与哈尔滨市达成粮油购销意向 5.6 万吨，销售金额 3.9 亿元。组织 20 家哈尔滨市老字号和地方特色产品企业参加 2023 年全球高端食品及优质农产品（深圳）博览会。深圳市持续开展"圳品"评价，支持哈尔滨市 11 家企业的 18 个产品获评"圳品"进入大湾区市场。

（六）园区共建步伐加快

9 月，深哈产业园科创总部项目地块二正式投入使用，配套人才公寓同步启用（首批交付 432 套），至此，科创总部项目 43 万平方米物业已全部投入使用。华为"一总部双中心"、哈工大人工智能研究院等 68 家企业正式落户园区（其中，世界 500 强投资企业 4 家，"独角兽""瞪羚""小巨人"企业 4 家，国家高新技术企业 14 家），初步形成数字经济、生物经济产业集聚效应。自两市合作共建深哈产业园工作被国家发展改革委列为对口合作典型经验向全国推广以来，园区已成为深哈对口合作成果的重要展示窗口。2023 年，园区共接待国内外省市访客千余人次，客源包括美国、韩国等 5 国驻华外事机构，中央网信办、国家发展改革委等 4 个国家部委，北京市、广东省、深圳市、苏州市等35 个省市。

（七）开放合作成效初显

推动俄罗斯知名电商平台 Ozon 的深圳总部跨境电商出口保税仓和边境仓项目分别落户哈尔滨市综保区和临空经济区，支持哈尔滨市扩大跨境电商进出口规模。支持黑龙江省和深圳市企业合作开展跨境供应链出口业务，助力深圳市企业借助俄速通海外仓和线上中国品牌集成店铺等海外渠道拓展俄罗斯市场。合力推动中央资金支持深圳市企业在俄欧等国家或地区建设运营跨境电商公共海外仓，深圳市企业在俄建设运营海外仓面积近 5 万平方米。

（八）各领域合作全面深化

科技金融方面，深圳市协助哈尔滨市开展国家科技计划成果路演行动（哈尔滨高新区专场）、南方创投网哈尔滨专场项目路演活动。两市共同举办"南北企业家 U 创汇"科技金融专场，促成深圳市投融资机构与哈尔滨市有关企业达成投资意向。教育合作方面，支持哈工大（深圳）扩大留学生办学规模，423 名留学生接受录取并于 9 月报到。推动哈工大（深圳）会同校本部与中广核、华为、深智城、深圳广电集团等企业签订战略合作协议，开展实质性合作。哈工大（深圳）结合深圳"20+8"产业集群规划，主动优化调整学科结构，在深圳整建制布局集成电路科学与工程、智能科学与技术等新兴交叉一级学科。召开深哈教育合作交流工作座谈会，商讨职业教育合作及哈尔滨市优质教育集团赴深办学有关事宜。推动两市有关职业院校、少年宫签署合作协议。金融合作方面，深哈合作"红土基金体系"规模化效果逐步显现，哈创投集团与深创投集团合作设立总投资10亿元的聚恒红土基金已与哈尔滨新区签署入区协议，完成入统工作，黑龙江省聚恒红土投资合伙企业完成工商注册，首期外部资金已实缴出资4500万元。深交所积极挖掘、培育哈尔滨市优质上市资源，推动科技企业在创业板挂牌上市。文化旅游方面，哈尔滨市与深圳华侨城旅发集团就推动建设哈尔滨文化旅游高质量发展项目签订协议。哈尔滨市旅游行业协会与深圳市旅行社行业协会签署合作框架协议，推动两市旅游市场共建、客源互送。举办哈尔滨文旅产业（深圳）招商恳谈会，促成项目签约5个，总投资额超54亿元。持续开展文化艺术交流，深圳交响乐团受邀参加第36届"哈尔滨之夏"音乐会，深圳原创舞剧《咏春》赴哈巡演。哈尔滨芭蕾舞团与深圳艺术学校建立校企合作，在深圳"文博会"演出《胡桃夹子》芭蕾舞剧。哈尔滨组团参加第十九届中国（深圳）国际文化产业博览交易会，30家展商达成意向签约项目72个，签约总额3500万元。国企合作方面，5家深圳市属国企在哈尔滨市有投资项目或投资意向，涉及项目15个，总投资额约97.23亿元，涵盖科技园区、光伏发电、固废处理、股权投资等领域。其中，深圳能源集团加快推进五常市、巴彦县生活垃圾焚烧发电项目建设，深圳环水集团与哈尔滨市政院深圳分院开展既有水务设施BIM建模合作，深圳交易集团与哈尔滨市有关国企探索开展产权交易、碳资产开发及绿色碳汇交易等项目合作。哈城发投集团中标深圳水务集团既有水务重要设施建模项目、深圳市交通工程建设标准化技术服务项目，签订设计合同7项，完成设计产值600万元以上。由哈创投集团联合黑龙江省金控集团等投资机构共同投资的深圳联合飞机黑龙江大型无人机产业项目落户哈尔滨市，哈尔滨联合飞机科技有限公司正式入驻哈创投集团哈加孵化器综合体。产品展销方面，2家深圳精品展销中心分别落户深哈产业园、哈尔滨万象汇，集中展示销售深圳市数字创意、智能终端、全屋智能、新能源汽车、时尚服饰、新潮餐饮等领域产品。宣传推广方面，通过加强新闻报道、开展系列访谈、编发信息专报等方式，宣传推介深哈合作成果。编发《深圳市与哈尔滨市对口合作信息月报》8期，刊发工作动态、园区动态等52条工作信息。通过CCTV1、人民网、求是网、《黑龙江日报》、《深圳特区报》、哈尔滨电视台等各类国家、省、市媒体宣传报道"深哈联唱'双城记'""深哈产业园：深哈牵手向未来"等内容，极大提升深哈合作的舆论关注度和社会参与度。

二、典型经验做法

2023 年以来，深哈产业园先后被科技部、文化和旅游部确立为科技创新赋能东北振兴试点示范区、国家对外文化贸易基地（哈尔滨）。两市抢抓园区发展新机遇，合力打造深哈产业园 2.0 升级版，加快推动园区实现更高水平发展。一是签署《打造深哈产业园合作战略升级框架协议》（以下简称《协议》），明确围绕推动体制机制创新、提升园区发展能级、推动开放合作 3 方面 12 项合作内容，全面推动园区提档升级。二是优化提升园区发展规划，深圳市主动谋划，哈尔滨市全力配合，组织专业机构编制《深圳（哈尔滨）产业园区发展规划（2023-2030 年）》（以下简称《规划》），提出数字经济应用拓展、生物经济创新研发、高端装备示范引领、新材料技术攻关、新能源市场开拓、深海空天合作孵化、服务贸易发展壮大、体制机制改革试点等九大重点工程，力争达成到2025 年深哈产业园 26 平方千米产值达到 500 亿元、到 2030 年现代产业生态体系基本建成的工作目标，为园区高质量发展提供新的行动纲领。三是围绕重大活动开展招商宣传活动，在深圳市举办的 2023 亚布力论坛第十九届夏季高峰会开幕式上，两市共同发布《规划》，有效提升园区知名度和影响力，助力园区精准对接优质企业资源。借助本次亚布力夏峰会契机，园区有效对接企业 38 家，促成 2 个合作项目签约入驻，并与有关企业签署战略合作协议，正推进金蝶软件、神州数码、优必选机器人等 8 家企业的项目落地。

三、2024 年工作安排

认真学习贯彻习近平总书记在黑龙江省视察和主持召开新时代推动东北全面振兴座谈会上的重要讲话重要指示精神，重点推进以下工作：

（一）持续推进产业对接和创新合作

围绕数字经济、生物经济、冰雪经济、数字创意、高端装备、智能机器人、新能源、新材料、现代农业与食品、深海空天等重点领域，谋划推动一批产业合作项目在两市落地转化。加强两市科创企业、高校院所和高层次人才交流，开展基础研究和关键核心技术攻关合作，共同打造科技创新平台，加快构建以企业为主体、市场为导向、产学研深度融合的创新体系。

（二）积极拓展更宽领域交流合作

推动两市各层级各领域进一步强化对接交流，发挥大型会展平台及有关商协会的桥梁纽带作用，有效促进两市信息互通、资源共享，推动在科技、教育、金融、商贸、文旅、体育等领域开展多元化合作。

（三）联合搭建开放合作平台

发挥哈尔滨对俄欧蒙等地区的贸易渠道优势和深圳跨境电商产业规模优势，鼓励引导两市企业积极参与"中蒙俄经济走廊"建设，在做优跨境贸易、做大跨境产业、做强枢纽经济上深化合作、组团发展。发挥深圳与香港、澳门合作的基础和渠道优势，助力哈尔滨市进一步拓宽与港澳各界交流合作的渠道。

（四）推动园区合作实现战略升级

统筹两市资源促进园区健康可持续发展，加快完善园区基础配套体系，持续优化营商环境，落实《协议》和《规划》提出的重大事项，进一步提升园区产业承载力和综合竞争力。

（五）围绕重大活动开展"双招双引"活动

借助深圳"文博会""高交会"和哈尔滨"中俄博览会""亚布力论坛"等大型展会平台，共同举办"双招双引"和园区招商推介等活动，积极宣传展示深哈城市形象、发展优势、资源要素和产业合作成果等，促成一批产业项目、先进技术、高层次人才、国内国际资本等在两市落地转化。

（撰稿人：杨泽嘉、王蓓）

第二章 齐齐哈尔市与广州市对口合作

齐齐哈尔市经济合作促进局

广州市对口支援协作和帮扶合作工作领导小组办公室

2023 年，广州市与齐齐哈尔市认真贯彻落实习近平新时代中国特色社会主义思想和习近平总书记关于东北全面振兴重要讲话重要指示批示精神，按照国家和两省省委、省政府工作部署，进一步巩固深化两市对口合作工作，持续推进合作走深走实取得新的成绩，共同谱写合作共赢新篇章。

一、2023 年对口合作工作情况

（一）与时俱进推进合作机制不断完善

立足于当前合作基础和新的发展阶段，广州市与齐齐哈尔市顺应形势与两市发展需求，积极开展新的探索，两市合作机制更加完善。

1. 坚持高位推动

广州市坚持将对口合作工作纳入市委主要领导担任组长的对口支援协作和帮扶合作工作领导小组范围，统筹全市力量推动对口合作工作。4 月，时任广州市委副书记、市长郭永航与齐齐哈尔市委书记、市长沈宏宇会见座谈，就进一步完善工作机制、推动产业协同发展、积极开展经贸交流、深化文旅消费合作、探索共建产业园区等方面进行了深入交流，为两市下一步合作奠定了坚实基础。

2. 革新合作制度

在上一阶段广州市与齐齐哈尔市的合作基础上，两市着眼未来合作方向，共同协商、共谋发展，研究签署了新一轮的《齐齐哈尔市与广州市深化对口合作协议（2023－2027）》，明确未来五年两市合作重点内容和领域，指导两市合作不断深化创新。制定印发《广州市与齐齐哈尔市对口合作2023年工作要点》，为做好年度对口合作工作重点工作任务提供了指引。

3. 拓展合作层次

充分发挥两市对口合作工作领导小组办公室统筹协调作用，指导督促两市县（市、区）和相关部门、企业开展招商引资和对接交流活动60余次。4月，广州市海珠区与齐齐哈尔市梅里斯区签订了深化对口合作协议，实现两市"区级结对"合作的突破，共同推动两区重要领域、重点工作、重大项目合作取得新成效。

（二）优势互补推进产业合作再结硕果

2023年，两市新签约对口合作项目10个，总签约额29.3亿元；累计签约对口合作项目51个，签约总金额135亿元，完成投资额76.3亿元。其中，投资超亿元项目32个，主要集中在装备制造、食品加工、新能源等领域。截至2023年12月底，已累计开工项目46个、签约项目累计开工率90.2%，竣工项目26个。

1. 粮食农业合作做大做强

加强粮食购销合作，持续在广州市开展"齐齐哈尔好粮油""广州光彩大篷车"等推广活动。6月，齐齐哈尔市粮食局、鹤城农投集团等单位到广州市开展大豆产业链招商推介暨粮食经贸洽谈对接会，两市粮食局签订粮食产销对接战略合作协议。2023年，齐齐哈尔市累计在粤港澳大湾区销售粮食50.34万吨。支持齐齐哈尔市建设粤港澳大湾区"菜篮子"供应基地，认定龙江元盛和牛产业股份有限公司、龙江绿铭农业发展有限公司等企业为生产基地，星光蔬菜加工有限责任公司为产品配送中心，推动齐齐哈尔市农业产业转型升级和高质量发展。加强两市食品加工企业对接，就奶乳一体化、肉食一体化、预制菜产业链供应链领域合作达成共识，重点合作项目克山县广东云鹰马铃薯全产业链项目已进入马铃薯全粉加工期，目前已加工马铃薯1.5万吨，生产全粉0.3万吨。构建营销推广新平台，发挥广州消费帮扶联盟的资源、平台优势，粤品荟帮扶馆、五山供销、地铁团购、本来生活C端、广州帮扶等多家大平台与齐齐哈尔市建立合作，助力将"北纬47°"系列农产品全方位多维度推向大湾区。

2. 装备制造业合作持续深入

广州数控与齐重数控合作的"重型数控机床系统国产化"项目已实现广数系统对第三方电机的适配驱动，具有完整标准的车削功能，可实现应用多自由度机器人进行刀具更换、刀具检测、刀具管理等智能化功能，项目已于2023年6月完成验收。8月，广州市

12 家企业（机构）赴齐齐哈尔市开展制造业对接交流活动，广州工控意向采购齐二机床数控加工中心产品，方川润滑意向向齐二机床、中车齐车、建龙北钢等大型企业供应液压油、切削液等产品，同时探索通过齐齐哈尔地区向俄罗斯等国出口产品。

3. 旅游和康养产业合作成果丰硕

4 月，齐齐哈尔市在广州市举办"寒来暑往·广结齐缘"齐齐哈尔夏季旅游推介会，快手官方账号全程直播共 19 万余人次观看，推介会信息先后在新华社、央广网、国际在线、腾讯网、《广州日报》等 40 余家媒体刊登报道，广州市北方畅游国际旅行社有限公司与齐齐哈尔市旅游行业协会签署了合作协议。10 月，广州市宣传、文旅等部门和企业赴齐齐哈尔市考察调研文旅产业发展情况，签订两市文旅合作框架协议，持续推动两市文旅深入合作与交流。齐齐哈尔市对标学习和引进广州市社区养老市场化运作经验做法，大力推动居家社区养老市场化进程，通过开展国家居家和社区基本养老服务提升行动项目试点工作，探索通过政府购买服务的方式为经济困难失能、半失能老年人建设家庭养老床位和提供居家上门服务。

4. 生物经济和服务业等新领域合作推进顺利

生物经济方面，在黑龙江—广东科技成果转化招商大会上，广州小惠科技有限公司与黑龙江坤健农业股份有限公司签约灵芝酵素项目，签约金额 1000 万元。服务业方面，大力支持齐齐哈尔市在穗打响"齐齐哈尔烤肉"品牌，广东省黑龙江齐齐哈尔商会与齐齐哈尔市烤肉产业协会达成合作意向并签订合作协议，计划在广州布局齐齐哈尔烤肉门店，发展连锁经营。现已成立广东厨仕质造餐饮管理有限公司、杨小佳齐齐哈尔烤肉广州首店等。

5. 加强平台载体共建合作

为进一步强化两市产业项目合作的平台载体支撑，两市积极落实"龙粤"两省关于"统筹规划合作园区共建"工作要求，积极推动园区共建工作。园区合作事项已写入《齐齐哈尔市与广州市深化对口合作协议（2023-2027）》。

（三）稳扎稳打推进科技创新合作持续深化

发挥两市高等院校和相关企业、机构智力优势，深挖科技攻关与成果转化潜力，进一步深化科技创新合作。

1. 科研合作破解"卡脖子"难题

中国一重与中船黄埔文冲船舶有限公司合作的"船用高硬可焊特种钢研制"项目，已完成相关化学成分优化设计、冶炼试验用钢锭等工作，有效解决国内高硬度防弹钢碳当量偏高、焊接性能差、极易产生焊接裂纹等"卡脖子"技术难题。建龙北满与华南理工大学联合开展"高品质模具钢关键技术研发及应用研究"项目，现已完成批量试制，产品实物质量达到北美压铸协会标准要求，10 月新增高品质 H13 模具钢锻材 175 吨，完成炼钢 108.4 吨，生产入库 51.4 吨，均满足标准要求，2024 年初可完成供货 153 吨。

2. 深化合作推动技术人才双向流动

广东工业大学与齐齐哈尔大学合作开展硅酸镱环境障涂层粉体和涂层性能测试研发，进一步开发低成本微米级硅酸镱涂层热喷涂粉体。中山大学与齐齐哈尔大学共同完成太阳能光伏发电系统等太阳能光伏领域科研、教学和技术应用推广合作。南方医科大学与齐齐哈尔市第一医院在建设临床和科研合作平台等方面开展合作，经常性组织远程会诊、手术帮扶、疑难病例讨论、学术讲座等临床交流。

3. 交流互访持续巩固科技合作成效

组织召开龙粤金属新材料产业联盟深化合作座谈交流会，推动黑龙江省金属新材料产业技术创新联盟与粤港澳大湾区金属新材料产业联盟交流对接。支持举办黑龙江省金属新材料产业技术创新联盟年会暨中国（齐齐哈尔）金属新材料应用技术论坛活动，华南理工大学、广东海洋大学参加会议，华南理工大学代表就钢铁研究等方面成果进行路演推介。

（四）深化拓展推进合作领域更加广泛

广州市与齐齐哈尔市积极探索拓展新的合作领域，不断丰富合作内涵，构建立体合作体系，促进全方位多领域合作取得新的成绩。

1. 加强体制机制合作交流

利用广州市先进经验加强齐齐哈尔市"数字政府"建设，全力打造一体化政务服务平台，推进政务服务"一件事一次办"改革，扩大"跨省通办"服务圈，打造"齐白通乌" 3 省 4 地"跨省通办"服务圈，实现了与呼伦贝尔市、兴安盟、乌兰浩特市、白城市、辽源市、广州市和三亚市 7 个城市的政务服务"跨省通办"。以广州市先进优化营商环境做法为例，齐齐哈尔市在黑龙江省率先制定《开办企业服务工作规范》（DB2302/T 029-2022）地方标准，实现企业开办一个环节办结，将办理时间压缩至 0.5 个工作日以内，最快 2 小时办结，成本 0 元，设置网上"企业注销一网服务专区"，打通多个部门业务系统，企业可并行办理各部门注销业务。利用广州经验，支持齐齐哈尔市制定出台《齐齐哈尔市民营和小微企业首贷续贷服务中心工作方案》，完善首贷续贷服务中心工作流程，推动银行机构、县区政府部门应用该方案。

2. 加强国资国企合作交流

两市国资委就进一步加强两市国资监管机构和国有企业间对口合作、学习国资国企改革经验、推动国有企业间深入开展项目股权合作和管理提升等内容进行了深入交流，并完善了联系沟通机制。特别是广州市在"以投促引"、风险管理、股权激励、三项制度改革、超额利润分享、违规责任追究等方面的实践做法，为齐齐哈尔市加强国资国企管理提供了宝贵经验。齐齐哈尔市加强与黄埔区科技局、高新区重点交流学习园区建设、孵化器和加速器培育方面的典型经验，为齐齐哈尔市鹤城新谷电商产业园、鹤东新产业园区等发展提供了可借鉴的经验。

3. 加强对外开放合作交流

广州市与齐齐哈尔市连续三年（2022年10月至2025年10月）共同承担广州—沈阳—齐齐哈尔航线补贴，该航线执行率达到75%以上，保持平稳运行，拉近东北地区与粤港澳大湾区时空距离。联手推动向北开放，依托中俄"两国六城"合作机制，以"文化赋能，共促发展"为主题，开展对俄文化交流系列活动。2023年，广州市积极参加了"人民的友谊"中俄"两国六城"青少年线上国际象棋比赛。

4. 加强干部人才培训合作交流

支持齐齐哈尔市2023年选派1名厅级、3名处级优秀年轻干部赴广州市进行跟岗锻炼，选派市直有关单位及县区共5名干部赴广州市参加"2023年度东部城市支持西部地区人才培训全面推进乡村振兴专题班"，选派10余名医疗骨干赴南方医科大学等学校或医院学习进修。落实2023年广州市对口帮扶师资专项培训计划，齐齐哈尔市选派中小学骨干校长41人赴广州跟岗学习。两市工商联共同召开对口合作座谈会，就开展穗鹤两地企业家培训班、继续加强两地企业家互访互学等内容达成共识。通过"线上+线下"方式，2023年度广州市专业培训齐齐哈尔市养老工作人员1775人次，其中，开展了两期全市养老机构院长管理及养老护理员线下培训班，培训人员200余人次。

5. 加强文化体育合作交流

齐齐哈尔市引进广州南越王博物院《手绘南越王展》，进行为期两个月的展览。广东威玛仕运动用品有限公司参与举办黑龙江省首届单排轮滑球公开赛，共有37支队伍近500名运动员参赛。举办东北联队对阵广东十虎象棋团体对抗交流赛，共有50名运动员参赛。

二、2024年工作计划

坚持以学习贯彻党的二十大精神和习近平总书记关于东北全面振兴重要讲话重要指示批示精神为主线，以助推东北地区加快振兴发展为己任，着力推动东北全面振兴与粤港澳大湾区建设对接融合，深层次、多渠道、宽领域推进两市对口合作工作，推动两市对口合作迈上新的台阶。

（一）持续推动高层领导互访工作

全面贯彻落实双方合作交流互访机制，常态化推进两市主要领导对接交流活动，坚持务实高效的原则，积极谋划符合双方发展需求的合作事宜，不断推动对口合作各项工作的落实。

（二）持续开展部门间交流互动工作

发挥好桥梁纽带作用，始终保持密切联系和沟通，全面推进龙粤、广齐合作走深走实。鼓励和支持两市相关部门开展深层次、多渠道、宽领域的交流合作，加大现有合作项目建设推进力度，巩固粮食产销合作关系，提升装备制造领域合作深度广度，拓宽科研合作项目的渠道并做好跟踪服务，挖掘文旅康养合作的特色新亮点，探索金融领域合作的有效方式和载体，加强在教育医疗等多领域交流合作，力争在各个重点领域取得更多合作成果。

（三）持续做好对口招商引资工作

聚焦产业项目提升，深入挖掘两市合作契合度，在优势互补、双方互赢的基础上，探索建立承接广州市优质外溢产业转移合作机制，深化粮食、农业、先进制造业、文旅等领域的共赢合作，强化数字经济、生物经济、冰雪经济和创意设计等领域的合作，有序推进对口招商引资和产业项目建设。

（四）持续深化政企互学互鉴合作

充分搭建政府间、企业间交流合作、互学互鉴平台，加强工商联、商会、行业协会等对接合作，构建各类社会力量广泛参与的合作体系。通过参加重要展会、联合举办经贸活动等方式，增进双方合作交流的融合度。

（五）持续落实干部人才学习交流工作

学习借鉴广州市先进地区经验做法，落实好干部人才交流工作，通过挂职锻炼、人才交流、岗位学习等方式，全面提升干部能力水平。

（撰稿人：张壮、王叙心）

第三章　鸡西市与肇庆市对口合作

鸡西市发展和改革委员会　肇庆市发展和改革局

建立东北地区与东部地区对口合作机制，是以习近平同志为核心的党中央实施东北振兴战略作出的重大战略部署，对推进跨区合作、促进区域协调发展意义重大。肇庆市与鸡西市开展对口合作工作，是贯彻落实党中央实施东北振兴战略和黑龙江省与广东省对口合作工作部署要求的重要组成部分，使命光荣、意义重大。肇庆市与鸡西市开展对口合作以来，两市党政企交往频繁，对口合作机制不断完善，产业互补合作良好，农副产品市场互相开拓力度加大，文化旅游交流合作不断深化，对口合作工作进展顺利。

一、2023年对口合作工作情况

（一）签订对口合作高质量发展协议

4月，两市签订《黑龙江省鸡西市与广东省肇庆市对口合作高质量发展协议》，深化两市对口合作工作要求，发挥肇庆市改革开放前沿优势、体制机制优势和鸡西市自然资源优势、要素优势，找准合作方向、深挖合作潜力、拓展合作领域、优化合作质效，不断提升两市对口合作的深度和广度、质量和水平，高质量做好"十四五"时期两市对口合作工作，努力为两省对口合作作出积极贡献。

（二）深入开展互动交流

一是市政府层面不定期互访。3月，鸡西市市长孙成坤率鸡西市政府代表团赴肇庆市考察并开展对口合作交流。6月，肇庆市政府副秘书长朱景亮率肇庆市发展和改革局、投资促进中心参加"哈洽会"，并与鸡西市副市长陈霖对接工作，双方一致认为，应根据"两市所需、所能"原则，进一步推动对口合作走深走实。二是各地各部门保持良好沟通对接。各县（市、区）、市直部门层面互访。通过参观考察、座谈交流、重点产业推介会、经济合作洽谈会等方式，围绕各自区域定位、发展优势和重点产业布局，在产业、科技创新、干部人才、政府效能等诸多方面达成合作共识。

（三）加强产业项目合作

两市工业部门加强沟通交流，对两市产业对口合作进行摸查分析，重点围绕肇庆市新能源汽车、储能电池等产业发展现状，推动鸡西市石墨加工企业与肇庆市相关企业开展对接，并组织肇庆市骨干企业到鸡西市进行产业对接。广东风华高科与鸡西乐新石墨烯新材料公司签订石墨烯产品应用战略合作框架协议，风华高科按照框架协议的内容，对鸡西乐新石墨烯新材料公司提供的石墨烯材料进行多批次的产品开发试验，试验效果未能达到产品技术需求，今后视研发效果以及产品研发计划再采取下一步工作措施。肇庆市理士电源技术有限公司与鸡西贝特瑞石墨公司合作成立碳材料实验室，与鸡西贝特瑞石墨公司签协议后，该公司有供应石墨烯产品给理士电源技术有限公司，后因鸡西贝特瑞石墨公司自身原因停产整顿（现已重新开始运营）而中断合作，暂未开展新的技术合作。广东瑞庆时代新能源科技有限公司与鸡西市贝特瑞石墨公司达成合作协议，采购石墨烯等原材料（具体合作情况因涉及企业内部商业信息，企业无法提供）。

（四）加强农副产品合作

一是积极探索双方供销社企业融合发展路径，实现两市社有企业的"抱团"发展。肇庆市供销社积极组织下属企业与鸡西市供销社的相关企业、行业协会进行业务上的深入对接。二是推动鸡西市农副产品上线肇庆"供销优农"线上平台，设立专馆。通过设立鸡西市农副产品肇庆展销中心，推介销售当地特色农副产品，通过构建线上、线下营销网络体系，进一步扩大了黑龙江省农产品销售渠道，促进更多的黑龙江省特色农副产品进入肇庆市乃至广东省市场。三是积极推动两市农产品产销对接。6月9日，肇庆市邀请鸡西市领导出席"父爱如兰·从农出发"首届广东数字+新农人大会系列活动，并邀请鸡西市虎林市森源天然食品有限责任公司等涉农企业参与在肇庆市七星岩东门广场举办的广东（肇庆）土特产展销会，让更多的肇庆市民了解和认识到鸡西市优质农产品和土特产。2023年以来，通过线上、线下渠道销售鸡西香米、木耳、蜂蜜、鹿茸等当地农副产品137款，销售额115万元。

（五）推进文化旅游体育合作

两市共同组织和参与各类文化旅游产业博览活动，推介优质文化旅游产品，促进两市文化旅游产业优势互补、共同繁荣。一是4月1日，鸡西市到肇庆市举办"境界江湖 美丽鸡西"旅游招商（肇庆）推介会，全面推介黑龙江省鸡西市丰富的文化和旅游资源。其间鸡西市文体广电和旅游局与肇庆市文化广电旅游体育局签订旅游合作框架协议。4月2~3日，鸡西市文旅代表团考察肇庆市七星岩景区、星湖国家湿地公园、市博物馆、市国家水上运动训练基地，加强双方文旅体学习交流。积极发动肇庆旅行社策划鸡西旅游线路，已上架销售收客。二是8月5~13日，肇庆市文旅投资集团有限公司联合肇庆蓝带啤酒有限公司成功举办2023年首届"肇庆环星湖蓝带啤酒嘉年华"活动，共吸引约260万人次市民游客参与，全网曝光量超17亿次，农特产品及美食展销收入近200万元。在首届肇庆环星湖蓝带啤酒嘉年华期间，为了积极响应做好新时代乡村振兴工作号召，同时加强与兄弟城市间的交流合作，在七星岩牌坊广场举办农特产品展销活动。鸡西市参与农特产品展销活动，宣传推介和销售绿色有机大米、大豆、鸡西刺五加等鸡西优质特色农副产品，让市民游客不出广东省就能买到鸡西市特产。以嘉年华活动为契机，在蓝带啤酒节开幕式活动上，举行了肇庆、鸡西、甘孜三地商贸经济和文化旅游合作签约仪式，促进肇庆市与鸡西市在绿色农业、文化和旅游产业等方面开展深度合作，携手打造跨省新业态。三是9月，鸡西市参加2023广东国际旅游产业博览会，并设立鸡西市专区，推广旅游线路产品。

（六）推动医疗卫生健康合作

两市卫生健康部门积极对接落实对口合作项目。双方签订了合作框架协议，主要内容包括：加强特色优势专科建设和康养产业等方面合作交流，定期开展学术交流、技术支持等工作。两市各有6家医疗卫生单位，分别与对方进行了对接，并初步拟订对口合作框架协议书和合作任务项。肇庆市卫生健康系统与鸡西市卫生健康系统达成交流意向项目6项。

（七）推进科技创新合作

一是成立两市科技局对口合作协调工作小组，加快推进科技协同创新发展，建立科技交流合作机制，促进两市高校院所、特色产业等领域的合作交流，共建科技创新合作平台。二是联合制订《肇庆市鸡西市科技协同创新推动转型升级实施方案》，推动两市科技领域资源共享，科技创新发展取得更大成就。三是2023年第十二届中国创新创业大赛（广东·肇庆赛区）暨肇庆市第八届"星湖杯"创新创业大赛设立了鸡西分赛区。9 月 20 日，大赛决赛落下帷幕，鸡西分赛区有 3 个参赛项目获得奖补，其中，黑龙江哈船碳材料科技有限公司的"电解水非贵金属催化剂的制备及其制氢性能研究"项目获得初创企业组二等奖，艾维农业科技（黑龙江）有限公司的"艾维农园北纬 45°"项目获得初创企业组三等奖，鸡西市唯大新材料科技有限公司的"钠离子电池负极材料项目"获得成长企业组三等奖。

（八）推进干部交流和劳务合作

一是加强两市干部交流。2022 年 8 月至 2023 年 1 月，鸡西市 1 名副厅级、3 名副处级干部到肇庆市县、区及市直部门挂职。二是制订政策，推动人才交流。出台《肇庆市保障企业用工十条措施》，促进鸡西市来肇人员就业创业。三是信息共享，促进劳务合作。肇庆市与鸡西市建立劳务协作关系，肇庆市向鸡西市提供岗位供给信息清单，鸡西市通过市、县、镇（街）、村（区）四级公共就业服务机构发布岗位信息。通过两市就业对接平台和招聘会，实施定向接收，有序组织劳务供给，为肇庆市企业发展提供人力支持。2023 年以来，肇庆市和鸡西市人社部门保持沟通对接，共享劳务信息，开展劳务对接活动。截至 2023 年 10 月底，肇庆市已累计向鸡西市推送就业岗位 10000 个，充分满足鸡西籍农村劳动力转移就业的需求。

（九）加强相互借鉴、互通互学

肇庆市与鸡西市积极借鉴各自在不动产登记优化提升、营商环境优化、政务服务大厅服务等方面的工作成效，充分应用互联网、微信、邮箱等线上工具，保持线上沟通，建立常态化、长效化的线上线下沟通交流工作机制。一是借鉴学习鸡西市不动产登记业务，对照"最多跑一次"事项清单，逐一制定办事指南，进一步明确办理条件、办理流程、办理时限及申报材料，与相应事项清单一同公布，达到"一次性告知"标准。肇庆市积极借鉴鸡西市的经验做法，加快推动肇庆市办事指南出台。二是肇庆市推进多个部门收费窗口整合，创新推出二维码扫码缴费功能，实现不动产费用"一扫清"。鸡西市通过学习肇庆市相关做法，打造了"一窗进""见一面""一网通"模式，通过设立统一收费窗口，整合不动产登记、税务等各环节收费项目，由一个窗口一次性统一收取所有费用，切实提升了企业群众办事便利度。三是肇庆市借鉴鸡西市便民服务做法，深化"全肇办"服务，市政务服务中心各服务专区设置特殊人群"服务专窗"，设置专职导办员和志愿服务岗，为老年人、残疾人等开辟绿色通道，提供公积金、社保、医保、不动产、税务等高频民生事项的上门办理服务。

二、下一步工作措施

（一）继续推动沟通联系常态化

协调两市已建立联系的对口单位继续保持沟通交流，实现信息共享、资源共享，推动对口合作更加深入。

（二）加强经贸交流合作

加强两市重大经贸活动信息、投资环境政策宣传共享，引导、推动国有、民营企业参与对口合作，为两市经济社会发展作出贡献。

（三）深化人才交流合作

继续推动两市干部挂职交流培训，组织教育、医疗等专业型人才短期挂职交流，组织开展专业型人才培训班等活动，提升两市工作人员的业务水平和服务质量。继续建立健全校企合作、劳务输送等长效劳务协作机制，为鸡西市劳动力来肇就业提供持续稳定的平台和渠道，为解决鸡西市技术院校学生就业问题和肇庆市企业技术工人用工需求创造条件。

（四）推动合作项目落地见效

加强优势产业合作。突出两市在资源和产业发展等方面的互补性，发挥各自优势，推动鸡西市石墨加工企业与肇庆市新能源汽车电池等生产企业开展对接。加强农产品、粮食精深加工等方面深化合作对接，探索建立粮食产销合作关系。发挥供销社系统的组织体系优势和经营网络优势，进一步推动鸡西市优质农产品进入大湾区市场。推动中药材合作，重点围绕中医药产业发展趋势、生物医药产业合作路径等进行广泛交流与合作。

（五）加强文化旅游体育合作

充分发挥双方旅游资源优势，开展"寒来暑往，南来北往"合作，二者互为旅游客源地和目的地，通过共同开发、共同宣传等多种方式，打造"肇庆—鸡西"特色旅游品牌。

（撰稿人：甘晓敏、李嫱）

第四章 鹤岗市与汕头市对口合作

鹤岗市发展和改革委员会 汕头市发展和改革局

2023 年以来，根据国家、省关于对口合作相关文件精神，按照省的统一部署和要求，汕鹤两市积极开展对口合作，把对口合作作为重点工作来谋划推动，取得了显著成效。

一、2023 年对口合作工作基本情况

（一）深化顶层设计工作

两市高度重视对口合作工作，始终把开展对口合作工作作为促进两市经济发展的一件大事来抓。根据两省相关工作部署，由鹤岗市发展改革委牵头，两市协商制定了对口合作框架协议和最新的对口合作实施方案。汕头市发展和改革局于 2023 年 4 月 6 日印发《汕头市与鹤岗市对口合作工作实施方案》（汕市发改〔2023〕128 号），有助于新时期两市对口合作工作的深入推进，让对口合作的成果惠及两市人民。

同时，根据《黑龙江省与广东省对口合作 2023 年工作要点》文件精神，结合两市实际，汕头市发展和改革局进一步细化 2023 年对口合作的工作任务，制定《汕头市与鹤岗市对口合作 2023 年工作要点》，以进一步推动两市对口合作工作务实有效开展。

（二）加强沟通交流

8 月 25～26 日，汕头市市长曾风保带队赴鹤岗市开展对口合作工作及参加中俄界江文化旅游节等活动，进一步深化多领域经贸合作与人文交流，积极对接、谋划推动更多合作项目落地见效，共促发展、共赢未来。鹤岗市与汕头市举行友好合作政务会谈，就进一步

合作相关事宜进行深入洽谈，签订《鹤汕合作备忘录》。其间曾风保市长还前往石墨高质化利用产业园区、五矿石墨数据共享中心、北大荒集团宝泉岭农业示范区、黑龙江北三峡食品有限公司等地调研。

2月，鹤岗市商务局组织考察团到汕头市调研，深入了解汕头市服装服饰、玩具等特色产业的生产过程以及销售模式，并与有关企业对接洽谈。2月、5月，鹤岗市绥滨县代表团到汕头市龙湖区开展考察活动，学习调研产业发展、乡村振兴、文旅开发等领域经验，实现互学互鉴，将双方互补优势转化为合作发展的动能，深化协作成效。5月、8月，鹤岗市工农区代表团赴汕头市金平区开展调研和招商引资活动，深入科技和食品企业了解企业相关情况，与企业就对口合作事宜进行接洽，助推双方企业开展合作。

（三）探索"龙粤俄"三方交流合作新模式

为持续深化鹤岗市、汕头市和俄罗斯比罗比詹市在广东省与黑龙江省对口合作框架和龙粤俄合作机制框架下的经贸合作、人文交流，汕头市代表团于6月15～18日赴哈尔滨市参加由鹤岗市人民政府举办的鹤岗、汕头、俄罗斯比罗比詹市三方经贸活动，并签订三方经贸合作框架协议。为更好地利用三方交流合作平台，落实协议精神，汕头市副市长王雪竹在访哈期间会见比罗比詹市政府代表团，双方相互介绍了两地最新经济社会发展情况，表达了在"汕鹤比"三方合作框架协议的基础上，加强多领域、多方位交流与合作，推动共同繁荣发展的意愿，并就推进"两国三地"发展关系、激发城市创新与活力、提升城市国际地位和形象发表了意见。此举释放了汕头市对俄合作新动能，焕发汕头市友城交往新活力，是打造对外开放新高地的重要探索。同时，此行还签订了新一轮《鹤岗市与汕头市对口合作框架协议（2023年—2025年）》，有利于进一步推动两市在多个领域拓展合作空间，携手发展，实现南北联动、资源共享、互利共赢。

8月25～26日，鹤岗市人民政府、汕头市人民政府、俄罗斯比罗比詹市政府、俄罗斯萨哈（雅库特）共和国维柳伊斯基区政府在黑龙江省鹤岗市携手举办了第六届中俄界江文化旅游节、中俄四市篮球赛、文旅推介交流会和中俄企业经贸洽谈会等活动，全方位展示了各地文旅特色资源，宣介了各地优势企业，构建交流合作平台，打通联络渠道，切实拓展了两国四地在经贸、文旅、体育等领域的交流合作，增进了两国四地人民友谊，取得良好成效。

（四）建立健全干部人才常态化交流机制

在省委组织部的统一部署下，根据鹤岗市委组织部提出的跟岗人选和跟岗需求，针对性地安排至汕头市政府和金平区、龙湖区、澄海区政府班子跟岗锻炼，加强干部实践历练，推动对口合作走深走实。5月6日，鹤岗市4名干部已全部到岗锻炼。

（五）深化农产品合作

两市积极谋划农业对口合作项目，联合举办"汕品北上、鹤品南下"鹤汕农业交流合作暨汕头名特优新农产品走进鹤岗宣传推介会，助力两市农产品拓展销售渠道。5月，鹤岗市领导到汕头市潮庭食品股份有限公司、老潮兴食品有限公司、建业酒家有限公司等企业开展预制菜产业调研，推动两市在预制菜产业方面开展深度合作。

（六）开展养老服务工作常态化交流

6月底，汕头市受邀出席黑龙江省"中国老年旅居康养论坛暨2023年天鹅颐养经济走廊城市合作机制年会"，参加"百城联动 旅居康养"百家友好城市签约仪式，与鹤岗市民政局共同签署旅居养老合作框架协议。

（七）深挖旅游资源

1. 联合举办汕头鹤岗旅游推介活动

4月，鹤岗市文体广电和旅游局主要领导带队赴汕头市开展旅游招商推介座谈会，与汕头市文化广电旅游体育局及文化旅游体育行业代表及重点企业，就进一步加强两市文体旅交流合作进行了座谈交流，双方签订了《新一轮文旅战略合作框架协议》，汕头市旅游协会与黑龙江省界江旅行社有限公司签订了团队合作协议。8月，汕头市在鹤岗市举行"四季汕头欢迎您"2023年汕头文旅推介会，推介会发布为鹤岗市游客定制的"汕头精品旅游线路"，将重点景区景点、特色美食串联起来，让游客在畅游自然风光的同时，尽享特色美食，感受汕头滨海风情的无限魅力。汕头市副市长李钊、鹤岗市副市长齐东亮参加推介会。12月，由汕头市文化广电旅游体育局支持指导，汕头市旅游协会、汕头市旅游集散中心组织承办的"汕"盟海誓·"鹤"你相约——2023年鹤岗"冰雪之旅"汕头旅游首发团一行17人出发前往鹤岗市，开展为期6天的东北之旅，体验滑雪、射击、寻味等特色项目，在旅行中轻松领略北国风光，了解黑土文化，感受体验鹤岗大矿山、大界江、大森林、大湿地、大农业、大冰雪的独特风光。

2. 互相宣传及开展文旅体活动

开设"海誓'汕'盟·'鹤'您相约"宣传专栏，在双方的公众号"汕头文化云""大美鹤岗"发布对方文旅体资源、文旅体产品、文旅资讯、活动信息、品牌介绍、招商项目等内容，已在"汕头文化云"发布了鹤岗旅游资讯、旅游线路、宣传视频8条，并通过I汕旅游抖音号、I汕旅游视频号、小红书和微博等媒体平台进行转载宣传，在"大美鹤岗"微信公众号发布了汕头文旅体资源产品、宣传视频 10 条。积极推动汕头、鹤岗体校进行对接，邀请鹤岗体校考察汕头体校运动员公寓和比赛场地。8 月，汕头市选派一支由 16 名精英运动员组成的篮球队赴鹤岗市参加"中俄四城市（男子）篮球赛"，获得第 2 名佳绩。12 月，汕头市邀请鹤岗市选派跑友参加"2023 东楚汕头马拉松"。

3. 设立旅游营销中心

汕头市旅游协会与鹤岗旅游集散服务中心签订《鹤汕两市互设旅游营销中心战略合作协议》，在汕头旅游集散中心和鹤岗旅游集散服务中心各设对方的营销中心，搭建旅游沉浸式场景，宣传对方旅游资源、旅游路线、文创产品、旅游手信。在汕头旅游集散中心通过图文展板展架及视频等方式推介鹤岗文旅资源。

（八）推动商贸合作

为更好地推动两市企业的合作，促进两市贸易"南来北往"，汕头市商务局与鹤岗市商务局积极搭建桥梁，推动两市企业深度合作，在两市互设优特产品展示展销中心，为两市特色产品互联互通提供平台，让两市市民更好体验南北不同的特色产品。由汕鹤商贸服务中心运营的汕鹤农特产品展销中心将鹤岗大米引入汕头，已成功打造"汕鹤优选"品牌。

8 月，汕头市各区县工商联（总商会）与鹤岗市建立对口关系的各区县工商联（总商会）分别签订友好商会协议，就协力共建友好商会，推动两地交流合作；积极发挥各自优势，开展外引内联工作；信息共享保持交流，支持配合商会工作；拓宽合作领域，推动两市合作常态化进行签约。

（九）加强政务服务互学互鉴

汕头市政务服务数据管理局积极对接鹤岗市大数据中心，与鹤岗市建立政务服务工作沟通联络机制，并聚焦两市群众和企业异地办事需求，按照"高频优先、应上尽上""线上优先、线下补充""实现一批、公布一批"原则，梳理双方"跨省通办"事项目录清单，深化两市政务服务"跨省通办"合作内容。同时，协商不定期召开远程视频会议，沟通工作开展情况，解决推进有关问题。已拟订两市合作协议并正征求鹤岗市大数据中心意见建议。

（十）推进科技合作

汕头市科技局积极推进科技合作项目"汕头—鹤岗对口合作提升科技创新能力工作"和"汕头—鹤岗对口合作提升科技服务效能"工作进程，助力鹤岗市科技局完成"汕头—鹤岗对口合作提升科技创新能力工作"项目执行报告,组织专家组对"汕头—鹤岗对口合作提升科技服务效能"项目进行验收。通过项目实施进一步提高了鹤岗市科技局科技管理专业化服务能力和水平,强化两市科技部门在政务服务能力、科技制度体系等方面的交流学习。

二、2024 年两市对口合作工作思路

(一)继续挖潜对口合作深度

一是在电子商务、招商引资、名优特产品展销等领域开展深度合作,搭建平台,组织双向展示展销活动,推动两市企业的交流互动。二是着力拓宽科技创新合作领域,鼓励两市企事业单位围绕数字技术、碳达峰碳中和、生物医药、生物育种、黑土保护等领域联合开展核心技术研发攻关合作,促进双方优势科技成果转移转化。三是进一步推进汕鹤展销直播中心建设,继续夯实汕鹤合作品牌建设。通过直播中心、体验店、展销店、线上店等方式,扩大两市优势品牌和产品的推广力度。四是签订政务服务"跨省通办"合作协议,并梳理双方"跨省通办"事项目录清单,充分发挥线上跨域通办专区、线下政务服务大厅代办等渠道的功能作用,推动两市企业和老百姓异地"跨省通办、一次办成"。

(二)继续深化文化旅游体育交流

一是打造旅游品牌,充分挖掘特色文旅资源,把汕头市和鹤岗市南北旅游资源的互补性转化为资源优势,持续打造"海誓'汕'盟·'鹤'您相约"旅游品牌,支持推动两市旅游同行进一步合作,推动形成客源互送的良好格局,共同打造宜居宜行宜游宜养的旅游产业。二是深化文化交流合作,推动两市精品艺术、群众文化、文物活化、非遗技艺等的展示交流,联合举办文化节庆活动,推动两市文化事业高质量发展。三是开展体育互学互鉴,充分发挥汕头市与鹤岗市在体育项目上的地缘优势、人才优势、场馆优势等,联合举办体育活动,通过体育培训和赛事活动开展互学互鉴,重点打造"中俄四城市(男子)篮球赛"等品牌体育赛事,支持鼓励社会力量做大做强两市体育产业。

(三)积极探索对口合作新方向

依托汕头市原有的特色产业优势,坚持强链、延链、补链思路,深入开展精准招商和

全方位招商，着力引进一批有规模、有科技含量、有带动能力的优质项目，力促与鹤岗市石墨精深加工产业合作对接，形成协同放大效应。同时，充分发挥汕头侨乡优势，以"侨"为桥，探索将汕头对东南亚国家的商贸合作优势与鹤岗对俄交流合作优势有机结合，加快构建"优势互补，强强联合"发展格局，共同打造"两国三地"合作典范。

（撰稿人：巢云龙、张微微）

第五章　双鸭山市与佛山市对口合作

双鸭山市发展和改革委员会　佛山市发展和改革局

2023 年，佛山市与双鸭山市深入学习贯彻党的二十大精神以及习近平总书记关于进一步推动新时代东北全面振兴取得新突破相关重要讲话精神，全面贯彻落实广东、黑龙江两省党委政府关于对口合作相关决策部署，坚持深度融合双方比较优势，按照"政府搭台、社会参与，优势互补、合作共赢，市场运作、法制保障"原则，持续开展多形式、广领域、深层次的新一轮对口合作，共同促进两市经济社会高质量发展，切实助力东北地区加快实现全面振兴、全方位振兴。

一、2023 年对口合作工作开展情况

（一）互访交流活动紧密开展

2023 年，在新冠疫情防控转段后，两市各级党委政府部门积极开展互访交流，共同推动对口合作工作落细落实，全年市级以上领导带队互访交流 3 次，各区（县）及市有关单位互访交流 8 次。其中，3 月 28～29 日，双鸭山市委副书记、市长宫镇江率政府考察组赴佛山市对接交流，佛山市委副书记、市长白涛接见考察组一行，双方面谈交流对口合作工作，其间考察组考察调研佛山市城市展览馆、市行政服务中心、中国中药控股有限公司、广东星联科技有限公司等地。4 月 23～25 日，双鸭山市委书记邵国强率党政代表团赴佛山市对接交流对口合作工作，佛山市委书记郑轲接见代表团一行，双方召开"佛山市·双鸭山市对口合作联席会议"，其间代表团到广东邦普循环科技有限公司、佛山高新技术产业开发区等考察调研。6 月 24～27 日，在佛山市跟岗学习的双鸭山市委常委、宣传

部部长徐晓良带领佛山市商务部门及企业代表组成经贸代表团赴双鸭山市交流，双方举办经贸合作交流座谈会。9月3~7日，佛山市发展和改革局率全市发展改革系统、相关国有及民营企业代表赴双鸭山市考察，深入调研当地文化旅游、现代物流、进出口贸易、农产品加工等领域产业情况。

（二）压紧压实重点工作责任

按照《广东省对口合作办关于落实对口合作高质量发展框架协议有关工作的通知》《黑龙江省与广东省对口合作"十四五"实施方案》《双鸭山市与佛山市对口合作"十四五"实施方案》等文件精神，两市深刻总结上阶段对口合作经验，切实巩固拓展合作成果，准确把握党中央及广东、黑龙江两省关于新一轮对口合作工作部署，全面梳理"十四五"后半期合作重点，签署了《双鸭山市与佛山市对口合作框架协议（2023－2025年）》，并结合《黑龙江省和与广东省对口合作2023年工作要点》，研究制定《2023年佛山市与双鸭山市对口合作重点工作计划》，明确两市各区（县）、市有关单位任务分工，不断强化对口合作组织保障。佛山市将对口合作工作纳入了年度重点工作考核指标，进一步压实各区及市有关单位工作责任。佛山市、区发展改革部门与双鸭山市珠三角合作服务中心等多次开展对口合作工作座谈会，及时了解工作开展情况以及存在的困难，研究解决方案。

（三）政务服务能力不断提升

2023年，两市继续借鉴佛山市政务服务、改革创新方面先进经验，持续提升双鸭山市政务服务能力。一是推进政务服务"跨省通办"。4月，两市签署了《广东省佛山市·黑龙江省双鸭山市深化政务服务"跨省通办"合作协议》，按照"成熟一批、公布一批、通办一批"原则，持续拓展通办领域、增加通办事项，在政务服务大厅互设"跨省通办"专窗，实行收受分离、代收代办；通过一体化政务服务平台开设"跨省通办"专栏，实现事项"一地认证、全网通办"；双鸭山市可办佛山市事项470项、佛山市可办双鸭山市事项354项。二是开展政务服务"视频办"。在双鸭山市政务服务中心设立"视频办"服务窗口，为企业群众提供线上"面对面、一对一"的办事咨询、网办辅导、业务办理等全流程服务，双鸭山市已发布"视频办"政务服务清单87项，为企业提供服务10余次。三是深化"一窗通办"服务模式。在双鸭山市、县两级政务服务中心全面实行"前台综合受理、后台分类审批、统一窗口出件"服务模式，市政务服务中心已进驻事项1485项，其中，无差别综窗受理655项，分领域综窗受理818项，占进厅事项总数的99.2%；综合窗达86个，占大厅窗口总数的100%，实现企业群众办事"一窗通办"。

（四）产业项目合作稳步推进

两市坚持把产业合作作为重要抓手，聚焦佛山市"515"、双鸭山市"六大主导产业"等发展战略，通过举办招商引资活动、宣传推广面向双鸭山市投资相关扶持政策、编印派发《双鸭山招商引资手册》和优质产业项目清单等方式，不断谋划更多产业合作项目，激发双方经济发展内生动力。4月，双鸭山市在佛山市举办"双鸭山招商引资推介会"，两市签订了数字化智能物流仓项目、星联科技（双鸭山）塑料循环产业园、涂料树脂和固化剂生产加工、鲜食玉米加工及冷链物流、大豆育种及大豆蛋白加工、"北菜南下"佛山预制菜食材原料购置与加工、顺德预制菜食材原料购置与加工、北大荒精神寻根农旅融合等意向合作项目12个，总投资额约3.8亿元。11月，两市在珠海市协同举办"多彩双鸭山　牵手粤港澳"产业合作推介活动，粤港澳大湾区超70家企业参加，共签约12个项目，其中，签约佛山市项目3个，总投资额超10亿元。截至2023年底，两市签约合作项目共24个，包括工业制造类项目7个、农业种植加工类项目6个、产销对接和商贸流通类项目2个、文旅交流类项目4个、园区共建和科技交流类项目2个，其他类项目3个。

（五）粮食产销对接成效显著

依托双鸭山市"寒地黑土"粮食种植优势，2023年，佛山市通过加大政府采购力度、不断搭建产销对接平台、重大节假日面向社会倡议"消费帮扶"等方式渠道，帮助双鸭山市大米、黑木耳、玉米、蜂蜜、杂粮等农产品销往佛山市等粤港澳大湾区市场共3.6万吨，销售额1.69亿元。3月，在佛山市举办了"佛山对口援建地区特色农牧产品展销品鉴活动"，对包括双鸭山市在内的对口地区的特色农产品进行展销品鉴、集中采购、线上云直播促销等，330余家商超、农贸市场、机关参加，与120余家单位达成合作意向。2023年，佛山市全市通过农副产品网络销售平台（"832平台"）采购双鸭山市农副产品订单49笔、交易金额约41.68万元。佛山市食品物资集团与双鸭山市粮食局签订了粮油产品购销合作项目框架协议，佛山市邀请康泰米业有限公司、永军米业有限公司、芦花村农业科技开发有限公司、饶峰东北黑蜂产品开发有限公司等14家双鸭山市农产品龙头企业参加第六届广东（佛山）"安农博会"，进一步打响双鸭山市"绿色有机、天然富硒、非转基因"金漆招牌。

（六）文化旅游合作有序推进

两市坚持互为客源地和目的地，有序开展文旅交流合作。3月，双鸭山市文化广电和旅游局在佛山市举办了2023"魅力山水城　多彩双鸭山"专场旅游推介会,现场推出了湿地生态采风之旅、现代农业体验之旅、乌苏里江风情之旅、赏冰乐雪体验之旅和浪漫休闲自驾之旅"五大特色旅游产品",两市文广旅体部门签订了《文化旅游合作协议》,就建立精品剧目创作演出交流机制、文博工作和非物质文化遗产保护经验交流机制、文化人才交流机制、旅游客源市场互换机制、营销推介合作机制、旅游项目合作开发机制六个方面达成共识,双方建立起了更长期、更全面、更务实的文旅产业战略合作关系。8月,佛山市文广旅体局文旅考察团赴双鸭山市开展"南来北往·走进双鸭山"文旅交流活动,参加了"多彩双鸭山、醉美集贤红"——第二届双鸭山市文旅产业暨四大经济发展大会,其间到双鸭山安邦河湿地公园、七星山景区、友谊农机博览园、挹娄文化风情园、饶河大顶山森林公园、乌苏里船歌发源地等地考察,进一步加强"双山"文旅交流。11月,佛山市举办秋色巡游活动,邀请双鸭山市部门代表参加,充分领略岭南文化。12月,佛山市博物馆与双鸭山市博物馆在佛山市图书馆联合举办为期一个月的"白山黑水好风光——双鸭山市北大荒题材版画、油画作品展",促进了两市文创产业合作交流。

（七）对外开放合作持续开展

依托双鸭山市在地理、区位、政策方面的对俄优势,佛山市、双鸭山市、俄罗斯马加丹市积极开展"两国三地"合作。在6月佛山市经贸代表团赴双鸭山市考察活动中,双方就冷链物流、跨境电商平台建设、对俄贸易等方面合作深入对接交流,推动佛山国际贸易港与饶河县电子商务中心在跨境电商等领域达成合作意向,共同培育"中俄互市贸易+电商直播销售"等新业态。7月,佛山市贸促会率相关企业赴双鸭山市考察,双方就农业和绿色食品、农特产品产销、贸易物流合作等方面进行对接交流并签订了友好合作协议,推动了禅城区食品协会与黑龙江金天利国际贸易有限公司达成了从俄罗斯进口鸡肉、鸡爪等的合作意向。8月,佛山市举办"跨境俄罗斯　融通共赢——开拓俄罗斯市场专场推介会"并邀请双鸭山市相关部门参加,现场宣讲了佛山市跨境电商政策和双鸭山市饶河县外贸政策,推动佛山市国际贸易港与双鸭山市饶河县数据及电子商务发展中心签订加强两地园区共建的战略合作协议。10月30日至11月6日,俄罗斯马加丹市长格里珊与双鸭山市代表团共同赴佛山市进行友好交流访问,双鸭山市委副书记、市长宫镇江及佛山市委副书记、市长白涛分别会见代表团一行,三方希望在经贸往来、产业发展、教育文化交流等方面加强合作,共同开拓互利共赢新局面。

（八）深化干部交流劳务协作

4月,根据黑龙江、广东两省统筹安排,双鸭山市选派徐晓良(双鸭山市委常委、宣传部部长）、张成亮（双鸭山市友谊县委副书记、县长）、倪睿（双鸭山市宝山区委常委、宣传部部长）、战诗文（双鸭山市委全面深化改革委员会办公室副主任）分别到佛山市人民政府、三水区人民政府、南海区人民政府、禅城区人民政府开展为期 6 个月的跟岗锻炼，进一步推动两市干部交流学习，促进观念互通、作风互鉴。两市人社部门签订了劳务协作协议，定期向双鸭山市人社部门推送岗位信息，2023 年全年，佛山市人社部门共提供了 175 家企业的 9353 个岗位，持续为有意愿到佛山市务工的双鸭山市群众提供就业选择。6 月，佛山市人社部门组织 10 家企业现场参与双鸭山市 2023 年"百日千万招聘专项行动"暨"夏季大型现场招聘会"，提供岗位 1437 个，初步达成意向 15 人。为进一步增强人力资源服务供给能力，优化人力资源配置，推动人力资源服务产业集成创新发展，双鸭山市建立了"双鸭山市人力资源服务产业园"，佛山市人力资源和社会保障局推动智通人才连锁集团佛山公司、佛山市好工作网络科技有限公司两家头部人力资源企业首批进驻，为两市持续开展人力资源服务协作打下良好基础。

（九）教学教育合作更加巩固

2023 年，两市以线上、线下相结合的形式在教学教育领域深入开展合作交流。一是持续开展信息化教学合作。佛山市向双鸭山市开放了佛山教学资源库和佛山微课平台，双鸭山市加入了佛山市微课联盟，两市共同举行可视化和信息化培训两场次，双鸭山市参加人员累计约 6000 人次。二是持续推进师生交流和学校结对。10 月，双鸭山市共组织了教体局机关干部、教研员、中小学校长、骨干教师等 27 人到佛山市教育局、教研机构及中小学校开展为期两周的跟岗学习，互相交流教学经验。2022～2023 年，两市共组织了14 对小学进行结对，在行政管理、教学教研、师生互动方面进行交流，其中，佛山市汾江中学与双鸭山市第三十七中各教研组开展远程听课评课、教学研讨及举行"同上一节课"活动。4 月，佛山市惠景小学举办第 26 届科体艺节，双鸭山市逸夫小学线上参与并表演《唐诗中国》诗歌朗诵，佛山市城南小学与双鸭山市集贤县第二小学共同申报《小学数学可视化运算教学的实践与研究》及开展了一系列的"可视化教学"线上课题研究活动。三是持续开展职业教育合作。6 月，佛山市顺德职业技术学院代表团赴黑龙江省参加龙粤职业教育协同发展联盟推进会，就进一步推进龙粤职业教育协同发展联盟建设，推动与双鸭山职业教育集团对口协作工作进行深度交流，并发动相关企业向双鸭山职教集团捐赠双顺养老中心教学系统，为双鸭山职教集团在培养实用型、技能型居家养老人才方面提供良好的平台支持。

（十）科研创新合作不断深入

2023 年，两市积极推动科技交流和人才交流。4 月，双鸭山市科学技术局到佛山市科学馆考察调研，学习交流佛山科学馆运行管理布局先进经验，并与佛山市科学技术局交流合作事宜；佛山市科学技术局协调佛山市铁人环保科技有限公司帮助黑龙江五常市种植富硒有机水稻，提高五常大米产量和品质。9月，佛山市科学技术局组织佛山市鲲鹏现代农业研究院、广东鼎烨生态环保产业有限公司等佛山科技企业代表赴双鸭山市对接交流，共同召开科技交流座谈会，企业代表介绍了重点技术成果及部分可合作的项目，双方部门就强化科技合作工作机制、促进协同创新和科技成果转化、推动创新资源双向流动等进行了深入交流。

（十一）民生领域合作持续推进

佛山市于 2018~2020 年支持双鸭山市共 3.8 亿元，用于建设 10 个民生及基础设施项目，所有支持资金已全部拨付。2023 年，在新冠疫情防控转段后，双鸭山市积极协调抢抓工期，推动佛山市支持 1.7 亿元建设的"双鸭山市科技（规划）馆"于 11 月顺利完工投入使用，助力双鸭山市进一步营造良好的人文环境。四方台区南环路建设项目、四方台区连接路建设项目、四方台区背街巷路改造建设工程项目、四方台区紫云岭科普园项目、四方台区污水处理厂提标改造工程项目、饶河县季华健康公园项目、四方台区紫云岭公益性公园一期及二期项目、双鸭山市科技（规划）馆 9 个项目已完工，双山全民健身中心正在调整施工方案，将尽快开工建设。通过加强双鸭山市民生及基础设施建设，使双鸭山市群众生产生活条件得到改善的同时，有效提升了双鸭山市城乡建设水平以及营商投资环境，增加了社会资本投资开拓双鸭山市场的信心，促进双鸭山市经济社会发展，两市实现优势互补、合作共赢。

二、2024 年对口合作工作计划

坚持深入贯彻落实党中央、国务院关于对口合作的战略指引，按照广东、黑龙江两省党委政府工作部署，继续抓好各项重点工作落实，努力推动两市新一轮对口合作再创佳绩。

（一）切实提高政治站位，强化责任担当意识

坚持以习近平新时代中国特色社会主义思想为指导，深入学习贯彻党的二十大精神及习近平总书记关于进一步推动新时代东北全面振兴取得新突破相关重要讲话精神，始终把对口合作当作重要政治任务、重大发展机遇紧抓不懈，推动两市对口合作向更宽领域、更深层次、更高水平迈进，携手在构建新发展格局中实现高质量发展。

（二）优化合作工作机制，高效推进合作工作

不断完善两市对口合作联席会议机制，强化统筹协调、监督指导和服务保障，加强两市各单位成员协同配合，推动各区（县）、市有关部门紧密联系，编制 2024 年度对口合作重点工作计划并抓好落实。持续抓好双鸭山市投资环境和优质合作项目宣传推介，加强产业协同合作、营商环境优化、干部人才交流、政务服务体系改革等方面合作，推动各项工作取得更好成效。

（三）持续开展互访交流，不断凝聚工作合力

根据广东和黑龙江两省部署，落实好两市各级党委政府领导开展互访交流工作，高位推动工作开展；积极组织市、区（县）两级有关部门、社会企业及团体等开展学习考察，强化两市商协会、企业对接交流，力争各领域合作取得新成效。

（撰稿人：黄健、常志强）

第六章　大庆市与惠州市对口合作

大庆市发展和改革委员会　惠州市发展和改革局

2023 年，惠州市与大庆市坚持以习近平新时代中国特色社会主义思想为指导，深入贯彻落实党中央、国务院关于东北振兴的战略决策和两省省委、省政府工作部署，坚持"政府搭台、社会参与，优势互补、合作共赢，市场运作、法制保障"的原则，按照两市关于推进惠州市与大庆市对口合作工作安排，扎实推动惠州市与大庆市对口合作年度重点工作落地落实。

一、2023 年对口合作工作开展情况

（一）加强组织领导，强化统筹协调推进

坚持把对口合作工作作为惠州市与大庆市促进区域协同发展的重要抓手，两市按照"政府引导、社会参与，优势互补、互利共赢，重点突破、示范带动"的原则开展对口合作。4 月，惠州市与大庆市签订了新一轮对口合作协议，明确合作宗旨、合作重点及合作机制，召开对口合作座谈会，共同谋划对口合作发展新思路，推动建立更紧密合作关系，实现相互借鉴、共谋发展。惠州市与大庆市联合印发《大庆市与惠州市对口合作 2023 年工作要点清单》，在推动两市交流交往、深化重点领域合作、推动农业产业合作、构建现代化产业体系 4 个方面细化 15 个重点任务，两市有关责任部门签订部门间年度对口合作工作要点，做到任务清单化、清单责任化，有力有序推进两市对口合作工作。

（二）加强交流交往，不断增进两市友谊

惠州市在大庆市举办 2023 年度惠州市高层次人才国情研修班，共 44 名各类人才参加。召开大庆、惠州两市人才交流座谈会，推动两市人才在创新创造、入县下乡、技术管理等多方面深入交流，新认定大庆来惠高层次人才 2 名。积极推进两市干部挂职锻炼。2023 年，大庆市选派 4 名领导干部（1 名副厅级、3 名副处级）到惠州市跟岗学习，惠州市根据跟岗干部工作特点、专业特长，做到人岗相适、人事相宜，为大庆市干部发挥作用搭建平台、创造条件。在惠州市挂职的副厅级干部夏文飞率惠州市商务局及市外商投资企业协会、市餐饮行业协会等和企业负责人赴黑龙江省哈尔滨市参加第三十二届"哈洽会"、"粤贸全国"广东—黑龙江产业对接会等活动，与大庆市有关政府部门和企业紧密对接。组织惠州市总商会企业家一行 21 人到大庆市开展商务考察，探讨交流两市经济发展情况、产业特点、投资环境及非公经济组织建设，搭建两市企业交流桥梁，广东八方投资集团有限公司（惠州）与黑龙江叁壹叁羊庄餐饮管理有限公司、云中辰（惠州）实业有限公司与大庆市老街基农副产品有限公司等双方企业签署合作框架协议。惠州市农业农村局邀请大庆市农业部门 2 次到粤港澳大湾区（广东·惠州）绿色农产品生产供应基地考察。惠州市委组织部邀请东北石油大学校长一行交流走访中海油惠州石化有限公司等校友企业，惠州市大亚湾区组织到东北石油大学开展校地企合作洽谈活动，形成初步合作意向。

（三）聚焦平台搭建，拓宽旅游合作领域

惠州市领导带队到大庆市参加第五届黑龙江省旅游产业发展大会，加强两市文化艺术交流合作。大庆市文化广电和旅游局在惠州市举办以"认识大庆从游开始"为主题的夏季旅游产品推介交流会，加快推动两市加深文旅企业、协会交流合作，在联合开展市场营销、游客护送等方面深入交流，携手开拓跨区域旅游产品，大庆市旅游协会与惠州市旅游协会签订旅游战略合作协议，就资源共享、客源互送、目的地互推等合作达成一致，充分利用"政府搭台、企业唱戏"的模式，共同打造"南北互动、冷热交融、共同发展"的良好局面。

（四）推动机制体制创新，提高政务服务能力

针对企业群众异地办事"多地跑""折返跑"等堵点难点问题，签署政务服务跨省通办合作协议，建立政务服务合作机制，不断拓展合作内容，创新合作模式，深化"互联网+政务服务"改革，逐步实现两市政务服务"业务通、系统通、数据通、证照通、用户

通"，推动企业和老百姓异地"跨省通办、一次办成"，提升政务服务便捷度和群众获得感。医保、市场监管等领域已实现"跨省通办"，解决群众异地办事面临的"多地跑""折返跑"堵点难点问题。

（五）强化产业协作，提升产业发展效益

结合两市产业特色和资源优势，依托两市现有交流合作渠道，积极探索对口合作新方向。发挥惠州市石化、电子信息优势，鼓励引导民营企业互访学习，大庆市到惠州产业园区与德赛电池、亿纬锂能等企业进行对接，在产业链上下游配套、企业并购等方面达成了初步合作意向。建立常态化沟通联系机制，加强两市"惠企政策"的交流宣传，及时沟通最新资讯，推动两市合作持续健康发展。大庆市政协、市工商联到惠州市考察交流，双方就服务民营企业，推进结对关系，推动两市企业、商会、行业协会加强互访交流进行深入探讨，持续吸引优质民营企业扎根惠州、大庆两市，有效促进双赢发展。

（六）深化金融合作，助推金融企业发展

惠州市金融工作局与大庆市金融办组织开展大庆市企业家线上培训，为惠州市私募投资企业与大庆市企业搭建资金与项目对碰平台，对接大庆市"油头化尾"、高新技术、奶业、大健康等产业投资基金建设需求，鼓励惠州市私募基金管理人、投资方赴大庆考察，促进两市企业共同发展。累计向惠州市地方金融机构派发大庆市投资指南等信息咨询共300份，在大庆市推广惠州市"TCL简单汇"等成功经验，共同构建惠州—大庆现代地方金融产业。

（七）加强成果宣传，营造浓厚合作氛围

组织惠州日报社、惠州市广播电视台等市主流媒体积极宣传两市合作交流成果，积极营造良好合作氛围，推动实现互惠共赢。利用报纸、新媒体、网站等媒体平台，推出《大庆市代表团到惠州考察交流，并签订两市新一轮对口合作协议，聚焦产业协同推动对口合作取得更大成效》等系列报道。组织《惠州日报》、惠州电视台等新媒体平台同步转播第五届黑龙江省旅游产业发展大会暨第一届黑龙江省文化旅游高质量发展论坛开幕式，向全国网友展示了黑龙江文化旅游资源，助力激发黑龙江文化旅游市场消费活力。

二、2024 年对口合作工作计划

（一）强化两市交流互访

按照 2024 年中央及省关于加强广东省与黑龙江省合作有关工作部署要求，结合大庆市 2024 年干部挂职锻炼需求，积极做好沟通协调、岗位安排、后勤保障等工作，进一步促进两市党政干部和人才交流，为两市经济社会发展注入新鲜血液。进一步推动惠州市与大庆市相关对口部门交流互访。

（二）加强产业协同合作

发挥惠州市石化、电子信息优势，推动数字、汽车产业合作，积极搭建企业合作交流平台，相互借鉴学习园区管理，创新发展经验做法，完善工作、人才对接机制，探索对口合作新方向，吸引大庆市优势企业参与惠州市"2+1"现代产业集群和"3+7"产业园区建设。立足两市产业优势，通过加强组织两市民营企业开展交流合作活动，以互利共赢为产业合作的出发点和落脚点，进一步拓展合作领域深度和广度。

（三）推动两市科技合作

加强两市科学技术人才交流，促进观念互通、技术互学，鼓励两市科研院所和企业结成对口关系，组织两市科技部门、新材料产业相关科研院所进行互访交流学习，进一步拓宽科技创新合作领域。加强惠州市化工企业与东北石油大学交流合作，聚焦石化产业新科技新技术发展的新趋势，推动东北石油大学与惠州市校地合作、人才交流等各方面工作，促进惠州市大亚湾区与东北石油大学合作。

（四）推进粮食产销对接

积极搭建两市农业对口合作平台，为粮食企业、科研院校搭建贸易洽谈、项目对接平台，促进两市粮食企业加强常态化合作，推动粮食产销合作纵深发展，为粮食产业提质增效。持续推动惠州市优质特色农产品进入大庆市场，重点依托粤港澳大湾区（广东·惠州）绿色农产品生产供应基地项目，建立实际有效的农产品产销对接关系，特别是在预制菜产业方面加强与大庆市有关企业的合作。推动龙粮入粤，促进两市优势互补，助推农产品双向有效流通。

（五）激发旅游消费活力

继续举办以"南来北往，寒来暑往"为主题的旅游交流推广活动，利用"政府搭台、企业唱戏"模式促进两市旅游消费。推动惠州与大庆两市旅游市场合作常态化，制定针对各自游客市场的精品旅游线路及优惠措施，推进两市游客互送，共同打造"南北互动、冷热交融、共同发展"的良好局面，努力将惠州市打造成为大庆市等东北游客赴粤港澳旅游的"中转站"。

（六）加强经贸交流平台建设

围绕石化、汽车、电子信息等共同优势产业，举办联合招商推介会等活动，共同吸引一批链主企业、专精特新企业、高成长性企业到两市投资，实现两市产业链优势互补。邀请大庆市参加消费促销活动，共同促进两市制造名优新特产品、现代时尚产品销售，着力促成一批贸易合作意向项目。充分运用惠州市电商直播基地等电商平台资源，以及大庆市有关电商平台，进一步拓宽两市产品销售渠道，实现互利互惠、共赢发展。

（撰稿人：余艳侠、丘天）

第七章　伊春市与茂名市对口合作

伊春市发展和改革委员会　茂名市发展和改革局

2023 年，茂名市与伊春市深入学习贯彻党的二十大精神，全面落实习近平总书记关于东北全面振兴的重要论述，全面贯彻新发展理念、服务和融入新发展格局，着力推动高质量发展，以创新发展为动力，以项目合作为载体，推动双方比较优势转化为经济优势和发展优势，扎实推进两市对口合作务实有效开展，对口合作工作取得积极成效。

一、2023 年对口合作情况

（一）党政交流互动密切

2 月 18 日，伊春市市长董文琴率领伊春市政府代表团赴茂名市开展对口合作交流活动，高位推动对口交流合作。活动期间，在两市政府主要领导见证下，两市签订《黑龙江省伊春市与广东省茂名市新一轮对口合作框架协议》。2 月 23~28 日，伊春市委常委、常务副市长李立新率领伊春市代表团赴茂名市开展合作交流，并召开茂名—伊春对口合作交流座谈会，活动期间，两市各县（市）区、市直有关部门及企业进行了深入对接，共达成 27 项合作协议，签约总额 27.7 亿元。3 月 30 日至 4 月 3 日，伊春市副市长肖爽带队赴茂名市开展招商及对口交流活动。8 月 10~12 日，茂名市委副书记、市长王雄飞率队赴伊春市开展对口城市合作交流，活动期间，茂名市组织 20 余名民营企业家组成企业家考察团赴伊春市考察交流，深化两市民营企业交流合作。同时，茂名市总商会在伊春宝宇森林生态小镇、黑龙江九峰山养心谷康养基地设立茂商实训基地并举行挂牌仪式，两市工商联就中药材（南北药）产业发展合作机制进行签约。10 月，伊春市副市长方春彪带队到茂名市开展经贸交流活动，其间伊春市代表团在茂名市开展了实地调研，并与相关企业进行交流。另外，伊春市代表团还拜访了茂名石化公司，并召开了座谈会，伊春市与茂名石化就利用工会有关政策采购伊春市特色产品等工作进行深入探讨，达成初步合作意向。

（二）举办伊春·茂名对口合作云签约仪式

4月，茂名、伊春两市通过视频连线方式，举办伊春·茂名对口合作云签约仪式。会上，两市的总工会、工商联、职业学院、国有企业等单位签订了《伊春市工商联与茂名市工商联对口合作框架协议》《伊春市总工会与茂名市总工会对口合作框架协议》《伊春职业学院与茂名职业技术学院对口合作框架协议》《伊春森工集团与茂名发展集团国企合作框架协议》。

（三）拓展气象领域新合作

11月8日，伊春市气象局、茂名市气象局"共同推进气象赋能生态经济高质量发展"座谈会在伊春市召开。会上，双方气象局局长作交流发言，相关人员围绕气象工作进行座谈，签署了《共同推进气象赋能生态经济高质量发展战略合作框架协议》，推进气象服务主动融入当地经济社会发展，促进气象更好服务对口合作。

（四）经贸交流持续深化

5月19日，首届广东（茂名）荔枝电商消费节暨第三届广东（茂名）荔枝龙眼博览会在茂名市开幕。茂名市邀请伊春市参加农产品展览活动，搭建"伊春特色产品馆"。6月15~19日，茂名市组成超30人的经贸代表团，组织了"五棵树一条鱼一桌菜"等丰富的农产品参加第三十二届哈尔滨国际经济贸易洽谈会。茂名市5家特色农产品生产企业在会展中心广东馆展出。此外，还准备了上万斤桂味荔枝，在"哈洽会"及中央商城、远大购物中心等大型商超举办"美荔茂名·甜蜜冰城""美丽茂名·甜蜜伊春"茂名荔枝赠送品鉴活动，获得广泛好评。"哈洽会"期间，茂名市参展企业共对接480家国内采购商家、40家国外采购商，现场成交55.4万元人民币。9月，2023中国冰壶联赛特色产品直播展销活动在黑龙江省伊春市奥林匹克体育公园举行，茂名市受邀参加本次活动。在此次展销活动中，茂名市共展出20多家企业生产的月饼，让现场市民了解茂名月饼，打响"中国月饼名城"的金字招牌。10月，广东省工商联和黑龙江省工商联联合主办"民营企业进边疆"龙粤合作广东推介会，茂名市组织10名企业家参加推介会。12月，在"YEAH茂名·夜精彩"第二届夜间消费节启动仪式的创意集市上设置伊春特产专柜，有力支持北货南行。

（五）文旅康养交流进一步深入

2月，两市举办"茂伊合作，文旅先行"茂名与伊春文旅对口合作交流座谈会。会上，两市就新一轮文旅对口合作进行了深入交流探讨。同时，茂名市旅游协会与伊春市旅游协会签订了拓展"万人互游"的团队合作协议，达成了进一步加强合作关系的战略框架协议。4月，"山海并'茂'、'伊'路同行"2023伊春夏季旅游推介会在茂名国际大酒店成功举办。此次推介会成立了"茂名·伊春（山海）景区联盟"，两市首批成员共有11家景区。伊春市北部7家王牌景区面向茂名市民游客推出半价景区联票，以重磅优惠为两市互游工作提供助力，同时正式启动"茂伊万人互游"计划，将对口合作成果持续转化为经济效益。9月，茂名市赴伊春市举办"山海并茂、好心闻名"2023年茂名文化旅游（伊春）推介会。两市各级政府部门及文旅部门参会人员达到300人，是茂名市赴外地举办文旅推介活动以来现场参会人数最多的一次。茂名市（县）市区分别就本地的特色文旅作了精彩的推介，茂名保利奥体大都会营销负责人还作了项目推介，诚挚邀请在场嘉宾去茂名市安家置业。这种全方位的宣传模式也开创了茂名市文旅局赴外地推介的先河。本次推介会还以情景剧展演的方式，向伊春市民推介了2023年茂名暖冬康养精品旅游线路以及暖冬康养度假卡。会上，两市还进行了"海誓山盟"主题婚庆与蜜月旅行的合作签约仪式、"中国月饼名城茂名"广东茂名月饼销售合作签约仪式、茂名—伊春共建"好心手信研发基地"合作签约仪式。10月，由两市文旅部门共同主办的"海誓山盟，伊见倾心"茂名伊春"蜜月旅行+婚拍"活动在伊春上甘岭溪水国家森林公园和茂名南海岛——中国第一滩景区晏镜疍家墟举行。来自茂名、伊春的6对新人在亲朋好友和现场游客的见证下喜结良缘，拉开了茂名伊春两市联合推广"海誓山盟"主题婚庆与蜜月旅行的精品文化旅游线路活动的序幕。6月，茂名市受伊春市邀请参加中国老年旅居康养论坛暨2023年天鹅颐养经济走廊城市合作机制年会。会上举行了"百城联动　旅居康养"线上、线下签约仪式，两市签订了《茂名市民政局与伊春市民政局旅居康养战略合作协议》，双方就推介各地养老服务市场、促进两市养老机构相互交流、推动形成旅居康养产业合作新局面达成合作意向。

（六）持续深化农林产品销售合作

茂名市壹坊农业有限公司与黑龙江北货郎森林食品有限公司继续签订经销协议，累计交易额达352万元。广东金信农业科技有限公司与黑龙江铁力市金海粮米业有限公司继续签署购销协议，累计交易额达6.39亿元。推动茂名市中誉米业有限公司与黑龙江北货郎森林食品有限公司对口合作，茂名市中誉米业有限公司与黑龙江北货郎森林食品有限公司从 2023 年 2 月开始达成合作，主要经销伊春市铁力市的大米、稻谷。持续推动伊春产品在茂名市定点展示展销。据统计，2023 年以来，茂名市在昊元科技投资集团（广东）有限公司、茂名现代农业展示中心定点设置的伊春市特色产品展示展销专区累计销售额超过 500 万元。

（七）县区对接交流密切

茂名市茂南区注重与伊春市乌翠区的对口合作，推进"南货北销、北货南售"，推动茂名市万粤食品有限公司与伊春市北货郎森林食品有限公司开展战略合作，举办乌翠区第三届旅游休闲文化节暨茂南特色产品展销会相关活动，茂南区共有 7 家企业的产品在乌翠展销。茂名市电白区进一步加强与伊春市丰林县对口合作，2 月，电白区与丰林县签署了《广东省茂名市电白区广播电视台广告部　黑龙江省伊春市丰林县忠芝大山王酒业战略合作框架协议》。4 月，电白区发改部门会同伊春市友好区、丰林县发改部门在万达广场联合举办电白首届预制菜美食节，来自南北两地的 20 余家品牌预制菜企业参加展出。茂名市信宜市与伊春市金林区、南岔县加强交流，深化区域合作优势互补。8 月，信宜市与金林区政府签订了深度合作协议，高州市发改部门与铁力市发改部门签订《高州市与铁力市建立长期稳定粮食购销合作关系协议书》。

（八）加强干部人才交流

一是伊春市干部人才赴茂名市跟岗锻炼。市级层面干部交流方面，伊春市选派 1 名厅级干部、4 名处级干部到茂名市政府、茂南区人民政府、电白区人民政府、高州市人民政府开展挂职或跟岗锻炼。两地县级层面干部交流方面，伊春市选派了 2 名同志分别到茂南区工业园管理中心和科工商务等经济职能部门跟岗锻炼，锻炼期为 3 个月或 6 个月。二是伊春市干部人才赴茂名市学习交流。5 月 22~26 日，伊春市组织新任职处级干部共计 28 人赴茂名市委党校进行培训，学习茂名市改革创新、乡村振兴、生态环境修复、产业链党建等方面的优秀经验。三是茂名市干部人才赴伊春市学习交流。8 月，茂名市委组织部带领 52 名干部人才及市管优秀专家和拔尖人才赴伊春市开展茂名市推动绿色低碳发展专题研讨班。活动中，茂名市干部人才分为干部组、产业组、教育组、医疗组 4 个小组，分别赴丰林县、伊春市电子商务产业园、伊春市第一中学、伊春市中心医院进行参观考察，围绕产业赋能乡村振兴、两地教育协同发展、医院管理建设、干部人才培养等多方面进行研讨，交流相关建设发展中的典型经验做法。11 月，茂名市老干部局一行 9 人赴伊春市围绕离退休干部党建、老干部活动中心和老年大学工作的经验和做法开展了为期 4 天的实地调研，实地踏查嘉荫县、汤旺县、伊美区、乌翠区及市老年大学等其他老干部活动场所及机构。两市老干部工作部门相互借鉴优秀做法，为推动两市老干部工作高质量发展、为两市经济社会发展增添老干部力量提供了经验借鉴。四是持续开展学术交流合作。3月，伊春职业学院党委书记麻昌杰带领工程应用技术学院、机电一体化技术、汽车检测与维修专业等领导和教师到茂名职业技术学院调研交流。双方举行了2场座谈会，就高本衔接培养试点、人才培养、学术交流、校企合作、工程中心建设、高水平专业群建设、开展交换生合作等工作进行了深入广泛的交流。茂名农林科技职业学院与伊春林业学校开展了线上专业建设研讨会，主要围绕电子商务专业与园林专业展开有关专业建设的探讨，分享建设经验。五是开展中医药领域的交流合作。3月31日，伊春市中医院率队分别到广州中医药大学茂名医院（茂名市中医院）以及茂名市职业病防治院开展学习交流活动。重点围绕中医药专科建设、人才培养和科研教学、中医适宜技术推广等方面进行座谈交流，分享经验心得，借鉴学习对方先进经验，促进医疗服务能力的提升。六是持续巩固深化科技对口合作。8月7日，茂名市科技局带队广东恒福医药有限公司、化州市华逸中药饮片有限公司等企业到伊春市考察交流科技创新工作。其间两市科技部门召开"携手并进　共谋发展"伊春—茂名科技交流座谈会。此次考察活动，进一步拓宽了两市科技部门的合作视野，激发了新的合作前景，进一步深化科技企业互访交流合作，推动两市科技部门对口合作和创新发展迈上新台阶。

（九）进一步优化营商环境建设

2022年，茂名市与伊春市就"跨省通办"合作的事项、模式、协议进行了交流，制定了"跨省通办"合作协议。2023年年初，两市完成了签约，双方正式开展"跨省通办"合作。积极探索茂名·伊春"跨省远程异地评标"。茂名市起草《跨省远程异地评标合作框架协议书》以及《茂名市、伊春市两地工程建设项目跨省远程异地评标合作实施方案》，并与伊春市进行对接，沟通细化远程异地评标对接工作流程，待伊春市公共资源交易中心确定后再继续进行下一步工作。搭建两市招商交流平台。建立"茂名—伊春招商工作交流群"，两地市、县两级招商负责同志参与，方便经验交流、信息对接，共同推动两市招商引资方面更深层次的交流合作。

（十）促进两市产业园区结对合作

组织两市产业园区开展对口合作考察洽谈，现茂名市高新区与伊春市经开区已签订对口合作框架协议，广东高州产业转移工业园与嘉荫经开区、铁力经开区分别签订了协同发展框架协议，建立了两市产业园区结对合作关系，搭建了园区产业合作平台载体。

二、2024年对口合作工作思路

（一）加强产业合作

坚持相互支持、优势互补、互利共赢，加大工作力度，研究务实举措，不断拓宽两市合作领域，积极引导并促进两市企业继续进行合作，推动更多数量、更高质量的项目签约落地，努力形成一批更具实质性、标志性的合作成果。组织召开两市制造业等优势产业合作对接会，共同促进制造业转型升级发展，通过开展优势产业合作对接实现优势互补，引导两市制造业企业加强交流与协作。

（二）加强经贸交流

继续推动两市特色产品与对方商超对接，进一步扩大贸易合作。继续推动两市特产电商销售。收集当地特产有关信息，茂名、伊春两市产品分别在对方电商平台上架，加强异地电商销售与推广。依托两市举办的线上、线下交流活动，开展招商推介交流活动，促进两市企业、商会、行业协会交流合作，扩大招商引资成果。继续推动茂名市与伊春市工商联展开全方位协作，继续推动两市工商联和民营企业家往来与合作。搭建经贸信息服务平台，利用两市商协会行业广泛、会员众多、经贸活跃的特点，加强双方经贸信息的互换和共享。

（三）加强文旅康养合作

持续开展"520我爱荔"旅游季等节庆活动，持续打造两市"山海并茂、伊见倾心"等文化旅游联合活动品牌，巩固两市文旅交流合作。积极宣传两市南北差异化资源优势，组织引导两市优质客源异地旅游康养和劳模职工疗休养，将文旅产业与大健康产业融合，共同打造出享誉全国的康养品牌。

（四）加强农业合作

继续推进两市特色农产品产销对接。加大推进两市的农业合作力度，拓宽两市优质农副产品的产销对接渠道，促进北货南下和南货北上。加强农业资源的商品化开发，充分利用独特的地理资源、优越的气候条件、坚实的种植发展基础等优势，整合现有资源，抱团发展，完善产业初加工、深加工链条，有力提升产品附加值，形成从种植、加工到流通的全产业链条。

（五）加强结对县区交流

以茂名市"百千万工程"工作以及伊春市统筹推动乡村林场"双振兴"为抓手，推动两市结对（县）市区相互学习借鉴对方在乡村振兴方面的成就和经验，引进一些对方工作中的特色和亮点，为乡村振兴工作出力献策。

（六）持续加强人才、科技、医药交流

加强两市干部人才交流，促进人才培养，提高人才培养质量。积极开展两市人才项目对接洽谈活动，交流引进两市急需紧缺人才。互派高层次人才开展国情省情研修、产学研交流等活动。茂名市安排第三十五期中青年干部培训一班学员到伊春市学习。建立校企合作共享平台，开展创新创业合作与交流。加强高新区、高校和科研院所、实验室等创新平台的交流与合作，共同谋划、储备、包装一批带动力强、影响力大的重大科技项目，并组织开展多种形式的科技成果对接活动，合力建设一批具有创新优势的产业集群。探索两市合作共建开放共享实验室、协同创新院、检验（认证）中心等研发、检验机构，推动科技成果产业化和孵化平台对接合作。加强两市相关中医医院在人才、学科建设等方面的对口交流，提升两市中医医院中医药服务水平。鼓励、引导、组织两市药品生产及生物医药与健康行业等重点企业到对方市投资，建立药材种植、生产加工和贸易基地以及高标准产业园区，共同开发南北药材资源，共同扩大伊春市北药和茂名市南药品牌影响力。

（撰稿人：何郑溪、张琪）

第八章 佳木斯市与中山市对口合作

佳木斯市发展和改革委员会 中山市发展和改革局

2023 年，中山市与佳木斯市在两地省委省政府的领导下，深入贯彻党的二十大精神，认真落实习近平总书记主持召开新时代推动东北全面振兴座谈会时的重要讲话精神，全面落实《黑龙江省与广东省对口合作"十四五"实施方案》和两省工作要点要求，全面贯彻新发展理念，着力推动两市高质量发展，努力推动东北全面振兴与粤港澳大湾区等战略协同互促发展，以创新发展为动力，以项目合作为载体，推动双方比较优势转化为经济优势和发展优势，推动两市对口合作不断取得新突破。

一、2023 年工作情况及成效

（一）强化经验交流，共促深化合作

1. 加强高层互动交流

2023 年以来，中山市与佳木斯市深入贯彻落实两省关于对口合作的决策部署，两市交流互访密切，两市领导、部门、企业多次开展交流互访。2 月中旬，佳木斯市副市长聂影带队赴中山市调研，并就佳木斯市创建中国牙城与中山市进行了交流。3 月初，佳木斯市政府一级巡视员邱士林带队来到中山市与中山市委常委、副市长叶红光及多个部门座谈，就推动中佳产业园建设相关事宜达成一致意见。4 月初，佳木斯市委书记丛丽带领佳木斯党政代表团一行到中山市调研并与中山市委书记郭文海座谈，双方希望在既有合作基础上，持续深化各领域协同、全方位合作，加强产业对接、人才交流，努力推进优势互补，实现共同发展。7 月初，中山市委常委、副市长叶红光带队前往佳木斯市考察中佳产业园建设情况和中俄贸

易口岸的相关情况，并就对俄贸易与当地企业进行了座谈。此外，佳木斯市高新区、商务局、供销社、粮食局以及中山市发展和改革局、商务局、文广旅局、工商联等部门也分别单独或带企业开展实地对接及交流。随着交流不断深入，两市对口合作不断深化。

2. 促进干部人才交流

优化干部人才交流培训机制，拓展交流渠道，创新交流方式，扩大交流规模。按照省委组织部有关安排，2023年，黑龙江省1名、佳木斯市3名干部分别到中山市政府、火炬开发区、翠亨新区、三乡镇等单位跟岗锻炼半年。通过交流锻炼，开拓了两市干部视野，创新了两市干部思路，丰富了两市干部阅历，进一步增强了两市交融互通，也为下一步更好地开展合作奠定了基础。

3. 两市合作不断深化

4月初，中山市委副书记、火炬开发区党工委书记陈文锋与佳木斯市副市长王金分别代表双方签署深化对口合作协议。4月底，中山市副市长叶红光与佳木斯市副市长王金在黑龙江—广东产业合作与开放交流大会上，分别代表双方签署合作共建中佳产业园协议。

（二）发挥佳木斯粮食优势，促进农业产销合作

1. 继续加强两市粮食合作

一是4月，佳木斯市粮食局赴中山市广东美味鲜调味食品有限公司洽谈贸易合作并与中山市粮食储备经营管理有限公司就大米粮食精深加工项目等事宜进行了深入交流。二是8月底，中山市粮食局组织中山市粮食储备经营管理有限公司、粮食协会及粮食加工企业相关负责人共9人前往佳木斯市，推动两市粮食对口合作交流，实地参观佳木斯市粮食储备企业，了解粮食储备管理情况，参观粮食生产、加工企业，了解企业的经营状况和发展规划，引导两市企业积极沟通交流，寻求合作意向。三是继续加强中山佳木斯两市粮食信息相互通报，及时掌握了解两市粮食生产、供求、价格等方面情况，积极落实粮食安全战略合作框架协议、异地粮食储备合作协议、异地储备合作监管办法等，巩固粮食合作长效机制，提升两市粮食收储调控安全保障能力，为促进两市更深入的粮食合作提供更全面的指导服务。

2. 积极拓展农产品产销合作

2023年，两市供销社不断发挥供销合作社系统行业特点和优势，促进佳木斯市优质绿色农特产品到中山市销售。一是加强产销对接合作。通过佳木斯市供销社，积极联系佳木斯市农特产品生产企业，邀请企业参加中山市的展会、产销对接活动，2023年，中山市供销系统新增3家佳木斯市农业企业。二是推进线下展销专馆建设。两市供销系统加强对接，充分利用中山市镇区供销合作社、直属公司自营网点打造的东西部协作农产品展销专馆、专区销售佳木斯市农特产品。2023年，中山市在小榄镇建成的乡村振兴馆设立佳木斯专区推广销售黑龙江特色农产品。三是中山市加快放心农产品直供配送电商平台建设。进一步完善特色农产品线上展销专馆，积极开拓对口合作地区农产品机关事业单位集团采购业务和居民零售业务，落实消费帮扶政策，主动引进对口合作地区农产品经销企业，推动黑龙江省特色农产品销售。已上架黑龙江省产品 33 个，销售金额约 4 万元。

（三）推动战略性新兴产业整合集聚，推进文旅康养产业合作

1. 和超高装超导腔制造项目进展顺利

和超高装（中山）科技有限公司是哈工大集团旗下的一家高新科技企业，2019 年于中山市三角镇租厂房投入运营，后企业快速发展，原有的厂区已限制了企业的成长，为帮助企业加快发展，2021 年中山市三角镇为和超高装（中山）科技有限公司安排 99 亩用地指标建设新厂房，并按地块评估总价的 70% 出让。和超高装超导腔制造项目于 2021 年 11 月开始建设，项目分两期建设，计划投资 3 亿元，拟建设一个在超导腔制造领域国内首家、国际前列的高端集成装备制造中心，同时兼顾其他高端制造领域（如发动机、飞行器、水下器具等）的需求，建成华南地区特种焊接技术的研发和应用中心。为保证项目顺利建设，中山市三角镇实行党政领导挂钩联系企业和重大项目例会制度，定期会诊、靶向施策，及时解决企业实际困难，保障项目按时序进度推进建设。该项目进展顺利，累计投资 1.9 亿元，项目一期工程已完工，主要设备进场，新的工厂已进入试运营阶段。

2. 深入推进文化旅游合作

一是中山市协助佳木斯市文旅部门开展推广活动。2023 年 4 月，佳木斯市文化广电和旅游局组织县区文旅部门、企业代表 40 余人到中山市开展文化旅游交流活动。实地考察了中山市博物馆、中山纪念图书馆、孙中山故居、孙文西步行街、游戏游艺产业博览城等文化场馆、景区、街区和文旅企业等。4 月 6 日，在中山市喜来登酒店举办了"华夏东极—锦绣中山"主题专场推介会暨合作签约会。会上，中山市文化广电旅游局和佳木斯市文化广电和旅游局签订了《文化旅游发展战略合作协议》，双方旅行社代表签订了《旅行社合作框架协议》，双方在共同推动两市文旅经济协作、推进两市文化交流、开展旅游营销合作、营造良好旅游环境、建立沟通交流机制等多个方面达成共识。12 月 15 日，佳木斯市在中山市举办佳木斯冰雪旅游推介会，全方位宣传推介佳木斯的冰雪文化、冰雪资源、冰雪运动、冰雪旅游、冰雪产业及"东极之冬"冰雪文化季百场系列活动。中山市文旅产业投资有限公司与佳木斯市文化旅游投资集团、中山市青年国际旅行社与佳木斯市佳运国际旅行社、中山市旅游协会与抚远黑瞎子岛景区及桦南百年蒸汽火车旅游区代表分别签署战略合作协议。二是继续利用线上宣传平台开展文旅资讯互推互送。双方利用微信公众号、视频号等平台互推互送，做好两市文旅宣传推广。2023 年，中山市先后为佳木斯市推送了

《走进秋日的佳木斯，给你点颜色看看》《佳木斯 8 个不可错过的宝藏打卡点》《一路向东！》《中俄边境线上的那些小城》《又来安利佳木斯了！》等文旅资源宣传推文。

（四）培育壮大发展新动能，促进科技成果转化

2017 年，中山市引入哈工大机器人集团中山双创基地（哈工大机器人集团全资的有限公司，2023 年更名为中山市严格未来科技产业发展有限公司，以下简称"基地"）落地中山市翠亨新区。在此基础上，2018 年设立哈工大机器人集团中山研究院（为事业单位性质的广东省新型研发机构，2023 年更名为中山市无人装备与人工智能研究院，以下简称"研究院"），为两市技术转移（科技成果转化）与产业转型升级服务。2023 年以来，基地和研究院不断发挥自身优势，大力引进人才，推进创新资源建设，开展产研合作，促进科技成果转化，推动两市产业合作发展。

1. 基地方面

一是不断促进人才聚集。基地总人数近 400 人。二是持续培育孵化企业。2017 年起，基地陆续引进及孵化 14 家科技型公司，发展形成 6 家高新技术企业、6 家规上企业、5 家市工程技术中心，累计产值 9 亿元。产业方向涵盖高端装备制造、智能制造、机器人、电机智能控制等多个方向。三是促进企业转型升级。基地作为市级的智能制造公共服务平台，2023 年以来与本地行业协会及企业深度对接，努力为中山区域经济转型升级提供助力，为惠利普、艾默森、达尔科光学、明阳智能、联合光电等中山市当地优秀企业展开深度服务，已承接并完成技改项目超过 2000 万元。

2. 研究院方面

一是建设多个创新平台。研究院已成功获批广东省高水平新型研发机构、广东省博士工作站、广东省专利预审服务工作站、广东省自然科学基金依托单位、中山市超精密仪器哈工大机器人中山研究院工程技术研究中心、中山市石墨烯材料与装备（哈工大机器人中山）工程技术研究中心、博士后创新实践基地等多个省市平台。二是建设多个研发体系。研究院已建设五个研究所——"精密仪器工程研究所""无人装备与智能制造研究所""新材料工艺与技术研究所""数字经济研究所""半导体研究所"，支撑翠亨新区"西湾重大科学仪器产业园"建设及"数字经济"产业发展。三是开展多个研发项目。研究院共有立项 15 项，其中包括 2 项省级重点领域研发专项。研究院作为牵头单位获批广东省第三代半导体重大专项——大尺寸高品质金刚石单晶材料生产装备及工艺技术。在数字经济方向，研究院作为参与单位获批广东省重点领域研发计划新一代通信与网络专项"智慧机场 5G 专网及应用研究示范项目"。四是科技成果丰富。截至 2023 年 10 月，研究院总专利申请 165 项，其中，发明 101 项、实用新型 61 项、外观 3 项；总授权专利 92 项，

其中，发明 35 项、实用新型 55 项、外观 2 项。五是高层次人才集聚。截至 2023 年 10 月，研究院共有 28 人（包含兼职），其中，院士 1 人、博士 8 人、硕士 7 人、本科 12 人；高级职称 6 人；已引进并认定中山市高层次人才 23 人。

（五）推动"中佳产业园区"建设，打造合作平台载体

为充分发挥合作平台载体带动作用，创新区域合作模式，加快建立起更加紧密、更深层次、更加务实的战略合作关系，两市决定在佳木斯市合作共建中山佳木斯产业园区（以下简称"中佳产业园区"）。2023 年，两市进行了多层次、多维度沟通对接，开展了一系列工作，取得了一定成效。

1. 达成共识

经过磋商，中佳双方就产业园发展目标、合作模式、选址范围、推进机制、重点合作方向等方面形成共识。4 月，双方代表签订合作共建中佳产业园协议。10 月，经深入磋商，双方进一步明确合作模式，形成共建中佳产业园区合作协议补充协议文本，并分别报两市政府审阅。

2. 深化园区前期研究

为保证产业园区高质量建设，中山市委托广东省城乡规划设计研究院开展中山佳木斯产业园概念规划前期研究，对佳木斯产业特征、区域产业格局、园区产业发展目标定位、园区产业空间布局以及园区分期实施步骤等方面的问题进行深入研究，并就产业园区综合楼的功能、外观、内部结构等方面进行设计。2023 年底已形成研究材料，为园区下一步建设奠定基础。

3. 深入对接交流

2023 年以来，中山市园区筹建人员长驻佳木斯市开展各项前期准备工作。筹建人员先后通过听取介绍、实地考察、座谈交流、自主走访和小组会议等多种方式，从不同角度、不同渠道收集信息并集中讨论、分析，推动中佳产业园共建筹建各项工作稳步前进。

（六）深化与华润集团战略合作，打造央地合作示范样板

1. 双方高频洽谈，持续深化合作

8 月 31 日，佳木斯市与华润电力投资有限公司东北分公司举行合作项目推进工作座谈会，市委副书记、市长王铁与华润电力投资有限公司东北分公司负责人左俊杰一行面对面交流，围绕风电项目、能源装备产业链、中医药产业园、绿色食品加工园区等建设事宜进行交流。9 月 17 日，华润万家（控股）有限公司助理总经理陶智钦赴佳木斯市参加央企合作暨重点合作项目签约活动，并与佳木斯市签署战略合作协议，充分依托佳木斯市优质绿色农副产品生产基地优势，发挥华润万家品牌和渠道优势，依托华润万家 3400 家门店的销售渠道，与佳木斯市青年电商联合会合作，把更多佳木斯市农产品推向国内外中高端市场，促进佳木斯市由"金色大粮仓"向"绿色大厨房"转变。

2. 多领域开展合作，创新央地融合模式

华润集团新能源投资有限公司黑龙江分公司、佳木斯华润三九中医药传承创新有限责任公司已在佳木斯市注册运营。在新能源领域的合作上，华润电力富锦、桦南、桦川 60 万千瓦风电项目开工建设，富锦风电项目在 2023 年 12 月 30 日实现了全容量并网，桦南风电项目预计在 2024 年 6 月实现首台风机并网，中车风电主机、隆基光伏组件等华润产业联盟项目均已实现投产运营。中医药产业方面，华润（佳木斯）中医药产业园正式运营，饮片加工、中药煎配业务顺利开展，华润北药研究院基本建完，二期项目已启动设计编制工作。农产品合作领域，华润绿色食品产业园区的产业规划已经编制完成，正在进一步推动建设资金的落实。华润万家与佳木斯市青年电商联合会合作举办"乡村振兴·黑土优品"进万家活动，30 余家企业携 150 余款产品亮相展会，40 余款农产品 6000 件货品已入驻华润万家超市。2023 年，佳木斯特色产品进入华润万家 13 个省（市）门店销售，涉及 25 个品牌、16 个单品，合作供应企业 34 家，累计销售额 1000 万元。

（七）继续加强经贸交流，促进民营经济合作

1. 继续促进两市经贸交流合作

6 月，中山市商务部门组织了中山市巨轮照明科技有限公司等四家企业参加在哈尔滨市举办的第三十二届哈尔滨国际经济贸易洽谈会。同时，组织了 23 人的代表团赴黑龙江省开展经贸交流活动，代表团成员涵盖物流企业、生产企业、外贸服务企业以及行业商协会。分别考察了第三十二届哈尔滨国际经济贸易洽谈会及走访了中山市的参展企业，参加了佳木斯市外向型经济招商推介会，考察了佳木斯市的外贸综合服务企业、跨境电商园区、同江口岸，并与当地政府、企业开展了三场商务洽谈会。此次经贸活动进一步深化了两市在国际物流、对俄贸易以及投资等领域的互动，加深了两市经贸企业的相互了解。10 月，中山市工商联组织 22 名民营企业家代表赴广州市参加"民营企业进边疆"龙粤合作广东推介会，推动中山市企业赴黑龙江省投资扩产。

2. 促进两市商协会企业开展合作

一是 10 月，黑龙江省佳木斯市工商联一行到访中山市工商联，并就增进两市商协交流进行了座谈。二是 2023 年以来，中山市工商联积极通过网站、公众号等多种方式把黑龙江省的产业信息及时推荐给中山市企业，推动产业对接，给双方企业带来更多更好的发展机会，促进了两市经济发展。三是广泛向商协会企业宣传黑龙江省自贸区相关优秀创新

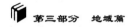

举措，进一步推动黑龙江省自贸区商协会企业与中山市商协会企业合作共赢。

二、下一步工作

按照两省省委、省政府的部署，立足两市实际，中佳两市下一步将在产业、文旅、商贸、园区载体等方面加强合作，全力推动中佳对口合作取得新突破。

（一）推动产业合作

依据两市产业优势，努力推动两市在农业和绿色食品产业、生物医药和新能源等新兴产业、装备制造业等方面的合作。

（二）深化文旅交流合作

进一步加强两市文化旅游部门的交流合作，促进两市旅游业互动和交流，加强互送客源和宣传推广等工作落地。继续加强两市线上平台推广与交流，优化共享机制，创新宣传推广方式，推动"南来北往，寒来暑往"品牌影响力的提升。

（三）拓宽经贸合作交流平台

紧抓对口合作机遇，不断拓宽经贸合作交流平台。继续发挥桥梁和纽带作用，以两市商务领域交流合作不断深入为契机，积极构建有利因素，增强对接交流的精准度。

（四）推动"中佳产业园"尽快落地

按照政府主导、市场运作、企业主体、社会参与、优势互补、合作共赢的原则，推动"中佳产业园"尽快落地。

（五）动员社会力量参与对口合作

加大对口合作宣传及对佳木斯市投资环境的推介力度，共同推进政策落地，共建对外开放平台，通过项目把对口合作引向纵深，形成合力推动两市对口合作工作，实现优势互补、互利共赢，携手共谋中佳两市发展。

（撰稿人：杨震、刘洁）

第九章　七台河市与江门市对口合作

七台河市发展和改革委员会　江门市发展和改革局

2023 年，根据《黑龙江省人民政府　广东省人民政府对口合作高质量发展框架协议（2023-2025 年）》《黑龙江省与广东省对口合作 2023 年工作要点》等文件精神，江门市与七台河市深化对口合作，取得一定成效。

一、采取的主要措施

江门、七台河两市全面落实广东·黑龙江对口合作工作座谈会议工作部署，紧紧围绕深化两省对口合作的"4 个下功夫"和"4 个围绕"具体要求，重点在体制机制、产业合作、现代农业、科技创新、对外开放、园区共建、人文交流、招商引资等领域深化合作。一是高效落实工作部署。江门市委书记陈岸明与七台河市市长李兵在广州市召开对口合作座谈会，第一时间传达两省对口合作座谈会精神，共商新征程上深化对口合作发展事宜。二是签订新一轮合作协议。2023 年，江门市与七台河市签订《七台河市与江门市对口合作"十四五"框架协议》《江门市与七台河市文化旅游合作协议》等，全面开启新一轮对口合作。三是完善全方位长效合作机制。两市对口合作（支援）工作领导小组联合印发了《黑龙江省七台河市与广东省江门市对口合作"十四五"实施方案》，强化合作规划和政策引领。两市联合印发实施《2023 年对口合作任务清单》，涉及 8 个重点领域，推动落实 24 项工作任务。

二、取得的主要成效

（一）体制机制合作方面

结合江门市经验，协助七台河市起草《关于建立全市常态化项目谋划储备工作机制的实施方案》，加强项目谋划和储备。

持续推进"跨省通办"。协助七台河市梳理编制《七台河市政务服务"跨省通办"事项清单》，可办理"跨省通办"事项提升至 155 项。提升政务服务智能化。以江门"粤智助"建设经验助推七台河市加快政务服务自助终端系统建设。七台河市 62 台定制版"粤智助"终端设备上线启用，实现不动产、公积金、医保等基础查询和办理功能。

强化政务数据共享和安全。结合江门市数据管理架构经验，协助出台《七台河市政务数据资源共享开放管理办法》《七台河市政务数据资源共享考核办法》等，进一步推动数据共享。

完成江门市政策汇编，供七台河市参考。2023 年 9 月，习近平总书记在新时代推动东北全面振兴座谈会上强调，东北是我国向北开放的重要门户。2023 年 10 月 27 日，中共中央政治局审议《关于进一步推动新时代东北全面振兴取得新突破若干政策措施的意见》，七台河市迫切需要了解借鉴江门市近年来在推动经济社会发展方面的政策措施。为此，由两市对口合作工作领导小组办公室统筹，江门市派驻七台河市工作组、七台河市第一批赴江门市跟岗学习工作组具体承办，共同收集整理了江门市近年来制定出台的若干政策措施，涉及经济发展、产业布局、项目储备、营商环境、平台载体、招商引资、科技创新、人才八个方面 109 个文件。经整理汇编成册，提供给七台河市相关部门参考借鉴。

首个"跨省远程异地评标"项目圆满完成。12 月 4 日，江门市政务服务数据管理局分管领导到七台河市公共资源交易中心学习调研，参观交易场所建设情况，交流远程异地评标、"评定分离"改革、交易扶持政策等内容，双方达成合作意向，并现场签订对口合作协议。12 月 19 日，江门市公共资源交易中心与七台河市公共资源交易中心携手合作，成功开展了建设工程跨省远程异地评标项目。此次合作突破了地域限制，实现两市优质评标专家资源的共享，对两市对口合作起到积极促进作用。为保障项目的顺利进行，江门市公共资源交易中心与七台河市公共资源交易中心紧密合作，从制定合作方案、建立沟通机制，到软硬件及网络联调测试，都充分发挥了两市平台资源优势。本次合作运用视频语音同步交互、远程电子签章等技术手段,实现两市同步评审、在线打分,确保交易全程留痕、可查可溯、公开透明、规范高效,进一步打造阳光公正、规范高效的交易环境,持续优化招标投标领域营商环境。

(二)产业合作方面

深挖两市产业契合点,共同打造整合产业链。重点发展石墨烯新材料、再生资源、生物医药和发酵等战略性新兴产业,联合培育旅游康养、冰雪体育、创业设计等现代服务产业,壮大新材料产业。加快宝泰隆石墨烯新材料有限公司与广东新会美达锦纶股份有限公司在纺丝纤维改性领域研发合作,共同延伸石墨烯下游应用产业。推动龙江万锂泰与中创新航(江门)在新能源汽车电池领域合作,积极整合锂电池正负极材料产业链。重点发展生物经济,积极帮助江门市特一药业集团股份有限公司与七台河市联顺生物制药公司建立长期、稳定的硫氰酸红霉素中间体等供求关系。

文旅产业合作有新突破。一是精心打造两地大湾区华侨文化科普亲子研学之旅和奥运冠军之城亲子研学之旅两条精品旅游线路,江门市与七台河市签订了《七台河市—江门市旅游行业战略合作协议》。2023年7月,七台河市首批10对家庭赴广东旅游,取得较好反响。2024年1月,12位可爱的江门"小醒狮"宝宝在黑龙江省哈尔滨市、七台河市开启为期5天的游学之旅。他们在景区展示极具地方特色的蔡李佛拳和舞狮,还把江门特产陈皮送给"东北老铁",给东北的冬天增添了温暖的色彩,大受好评和关注,并冲上社交平台热搜榜前列。二是七台河市发布亲子研学游、生态湿地游、红色文化游等多条江门市旅游精品线路,推进文旅资源、客源共享,互惠共赢。

(三)现代农业合作方面

1. 加强农特产品展销

江门市供销社开展七台河市特色农业及预制菜产品展销,共20家企业52个农特产品在两地主要商贸地段和大型超市进行销售。2023年8月,江门市帮扶线上销售平台开通七台河市特色农产品销售专区。10月,举办七台河市名特优农产品入驻揭牌仪式,助推七台河优质农产品开拓大湾区市场。江门市工会以采购和消费帮扶方式,帮助七台河市优质农产品开拓大湾区市场。

2. 积极对接农副产品加工合作

一是6月江门市农业控股集团有限公司与勃利县哈里牛业有限公司签订战略合作协议,围绕农产品加工流通、预制菜、农业投资等开展合作。二是推进广东科隆生物科技有限公司与七台河市在食品天然色素和生物酶制剂领域开展合作。

（四）科技创新合作方面

1. 共同推动科技攻关与成果转化

6月5日，依托七台河市先进石墨烯材料和江门市纺丝研发优势，宝泰隆石墨烯新材料有限公司与广东新会美达锦纶股份有限公司签署研发合作协议，在纺丝纤维改性领域合作研发新一代功能性产品。

2. 加强部门对接交流

在科技方面，11月16日，七台河市科技局与江门市科技局举行线上交流对接会，双方就推动两市科技领域对口合作进行深入探讨，有效推动两市科技对口合作，会议确定了两市今后科技协同发展工作重点。一是推动异地孵化器、高企对接、双碳实验室、固废利用、有机涂料等方面的合作，持续推进两市创新资源共享共用。加强两市科技特派员交流沟通，拓宽科技特派员服务渠道。二是加强两市科技局领导班子间和科室之间的交流合作，江门市多向七台河市分享科技管理方面的先进经验和做法，帮助推动七台河市科技事业发展进步。三是加强两市科研院所、企业和科技人才之间的交流合作，构建多层次、多元化、多方位交流合作机制，整合创新资源，共建创新平台，共同开展技术攻关。

在教育方面，10月18~19日，七台河市茄子河区教育考察团一行8人远赴江门市考察调研，相继走进蓬江区农林双郎小学、范罗冈小学、紫茶中学、紫茶小学等中小学校进行实地考察调研，考察团围绕江门学校办学条件、教育理念、管理方法等经验，进一步开展对接和学习活动。

（五）对外开放合作方面

1. 深化"两国三地"交流互动

5月26日，举行了黑龙江省七台河市—广东省江门市—俄罗斯阿尔乔姆市交流合作线上会议。会上，江门市市长吴晓晖、七台河市市长李兵、阿尔乔姆市市长瓦西里耶维奇共同签署了《发展友好交流关系协议书》，三方将依托各自区位优势，在经贸、教育、文化、旅游、体育、能源等领域加强交流合作，推动"龙江丝路带"和"海上丝绸之路"对接发展。

2. 携手打造向北开放新高地

6月18日，江门市与七台河市政企代表团共同前往绥芬河口岸考察外贸发展和物流运输情况，探索依托绥芬河市对俄口岸和综合保税区等优势平台，扩大江门市、七台河市对俄贸易规模。

（六）平台载体共建合作方面

1. 推进共建江河经济开发区

江河经济开发区是继深哈产业园区后两省合作最为成熟的园区，2022 年通过省级化工园区认定和国家应急部复核，成为黑龙江省东部地区化工项目的重要载体和承接广东省产业转移合作平台。两市创新开展派驻干部支持江河园区建设工作，江门市先后从发改、工信、商务等部门及重点园区选派两批业务骨干组成工作组，到江河经济开发区一线推动园区共建。工作组通过开展两地园区运营建设研讨会、推介江门政策、助推对外招商等相关工作，不断提升江河园区运营管理水平。2023 年，园区配套设施累计完成投资近 48 亿元，园区基础设施建设进一步完善。

2. 举行两地园区建设运营研讨会

12 月 3~4 日，两市 2023 年园区建设运营研讨会在七台河市举行，江门市人大常委会副主任吴国杰率江门研讨团参加。江门研讨团参观了黑龙江江河经济开发区、黑龙江省东部再生资源回收利用产业园区、勃利经济开发区、煤化工循环经济产业园、石墨烯新材料产业园和七台河经济开发区。研讨会上，两地分别介绍了园区发展运营情况，广东园区规划专家以《产业园区运营的创新服务实践》为题，从产业园区的概念、规划、招商实践、运营实践等方面进行了详尽的授课。江门市和七台河市开展对口合作以来，双方在产业、行政体制改革、特色农业、文旅等领域合作均取得阶段性成果，将以共建江河经济开发区为核心点，继续加强两市产业园区之间交流合作，优化双方园区管理，推动江河合作取得实质性进展。会上还举行了签约仪式，七台河市人民政府与广东科隆生物科技有限公司、广东骏贤集团有限公司签订了《新型商产联合体投资意向协议书》，七台河市农投农业集团有限公司与中科智锐邑帮扶（江门）科技有限公司签订了《名特优农产品战略合作协议书》。

3. 产业集聚吸引梯度转移

2019 年以来，江河经济开发区引入企业 17 家，其中，总投资 120 亿元的联顺生物医药项目完成投资 100.9 亿元，101、102 两条生产线已投产。同时，2023 年成功引进总投资 14.5 亿元的上海方豪精细化工、总投资 8 亿元的亚北能源 LNG 存储等一批大项目落地园区，预计到 2025 年园区产业规模达 500 亿元。

（七）加强干部人才培训、互访交流

一是两市人文、经贸交流不断深入。2023 年，七台河市共有市委、市政府主要领导参与和出访广东省招商考察各类活动 27 次，参与活动达 594 人次，是 2022 年全年的近 6 倍。继续开展干部定点交流互派。按照两省委组织部安排，5 月 4 日，七台河市 1 名副厅级干部和3名副处级干部到江门市跟岗学习。双向开展派驻工作。按照两市《共建产业园区选派人员方案》，七台河市委组织部抽调三区及经开区优秀年轻干部共4名，组成第一个赴江门市驻点招商和有关园区跟岗学习工作组，以最直观的方式学习江门发展理念。江门市第二个派驻工作组5人于6月17日到七台河市开展为期半年的派驻工作，进一步推动园区共建。推进党员干部教育资源共享。七台河市将江门市作为赴外交流培训的重要基地，2023年上半年，七台河市委组织部共安排3批次共37名学员开展异地交流培训。二是招商考察团到江门市调研考察。12月23~24日，七台河市勃利县委副书记、县长张生河带领招商考察团到江门市调研考察，考察团参观走访广东江门市消费帮扶馆。广东消费帮扶联盟江门分盟负责人表示，帮扶馆重点帮扶七台河市等地农产品推广，依托平台优势，通过多渠道、多平台等方式，积极推广两地农副产品。张生河县长希望能够充分发挥双方各自优势，为两地产业链供应链稳定畅通搭建交流合作平台，加快通道建设。依托七台河市蓝靛果、红松籽、鲜食玉米等代表性农副产品优势，共同推动务实合作。在七台河专区扩大宣传推介"东北老勃"区域品牌，扩大品牌知名度。随后，考察团一行实地参观考察大湾（国际）食品交易中心。大湾（国际）食品交易中心董事长陈杰波表示，江门市与七台河市两地资源优势互补性强，合作潜力巨大，将尽快派团队前往勃利县实地考察，加快推进双方更宽领域、更深层次的合作。张生河县长表示，希望依托大湾国际联系广泛的优势，进一步寻求互促共赢的对接点，并诚邀江门市企业家到勃利县投资兴业，为勃利县振兴发展注入新动能。

（八）协助招商项目对接

一是2023年邀请七台河市各级领导带队赴广东等地招商7次，对接江门市城市发展投资集团有限公司等企业29家，考察洽谈中创新航20万吨/年锂电负极材料一体化等项目16个。同时，勃利县派驻第一批专职招商干部到七台河（江门）驻深圳投资促进中心工作，开展大湾区招商引资工作。二是加强产业调研推介。9月，派驻工作组利用回江门市休假的机会，加强调查摸底和调研推介，分别到江门和七台河两市20余家企业进行调研走访，从江门市3200多家规模以上工业企业中筛选出化工、新材料、食品三大类企业，寻找与七台河市企业合作的机会。到中佳（中山、佳木斯）产业园、"双佛"（佛山—双鸭山）合作项目调研学习。参加两市文旅研学推介会，协调七台河市首批研学团抵粤，开启岭南文化之旅。参加第五届龙江东部湿地旅游联盟大会，积极宣传推介江门文旅产业。三是升级优化七台河产业招商小程序。为提升七台河产业招商小程序应用能力，更好推介展示七台河市招商环境，升级优化了七台河产业招商小程序相关板块：①增加了视频播放入口，可以直接点播观看七台河融媒体相关视频；②增加了推荐项目模块，便于投资者选择；③动态新闻模块中增加前三名热门新闻模块，便于观众聚焦热点；④更新了整体情况、重点园区、重点平台模块的 2023 年数据；⑤在首页设置首次使用操作指引，提升用户游览体验。

三、下一步工作打算

根据习近平总书记在黑龙江省考察期间作出的重要指示精神以及在新时代推动东北全面振兴座谈会上的重要讲话精神，按照两省关于对口合作的工作部署，巩固深化对口合作。

（一）加强交流互访

一是做好高层定期互访，争取签署更多合作协议，推动落实更多实质性工作。二是加强全方位交流合作，积极开展政府、企业、民间组织等层面对接交流。三是继续开展干部互派，加强理念互鉴。

（二）加强产业合作

一是推进中创新航江门基地与万锂泰负极材料、特一新药与联顺生物制药项目加快达成合作意向。二是谋划共同成立对口合作产业扶持基金，提高江门市企业到七台河市投资的积极性。

（三）加强园区共建

继续协助七台河市加强园区管理运营。谋划出台 2024 年江门市与七台河市对口合作任务清单。加强与深哈产业园、中佳产业园等对口合作园区联动，推动平台载体高质量发展。

（四）加强协同招商

一是联合举办招商引资推介会，力促签约一批合作项目。二是完善升级"七台河投资产业地图"小程序，推广数字招商和精准招商手段。

（五）加强文旅合作

持续开展两地亲子研学游活动，打造七台河市文旅"好口碑"。推动两市设计更多精品路线，实现"南来北往，寒来暑往"常态化。

（撰稿人：谢荣生、汤瑞峰）

第十章　牡丹江市与东莞市对口合作

牡丹江市经济合作促进局　东莞市发展和改革局

2023 年以来，东莞市和牡丹江市全面贯彻落实习近平总书记在新时代推动东北全面振兴座谈会上重要指示精神，按照《黑龙江省人民政府　广东省人民政府对口合作高质量发展框架协议（2023-2025 年）》等文件要求，全力推动两市对口合作提质升级，全面提升对口合作水平，助力两市高质量发展。

一、2023 年主要工作开展情况

（一）完善合作交流机制，保障对口合作深入推进

1. 强化组织领导

发挥两市对口合作办统筹协调作用，推动两市各部门按照职能分工开展对口合作。根据对口合作工作不断深入深化需要，适时调整增加对口合作工作领导小组单位，将领导小组单位扩充至两市县区镇街（园区）。经两市政府同意，印发《牡丹江市与东莞市 2023 年对口合作工作要点》，压实各有关部门工作责任，强化跟踪落实，确保各项任务落地见效。

2. 深化顶层设计

4 月，为进一步推动东莞市与牡丹江市对口合作迈向深入，经两市充分协商，共同签订了《牡丹江市与东莞市深化对口合作框架协议》，从"对内对外开放、产业园区合作、抓实协同发展、人才交流合作、创业创新发展、科技成果转化、现代产业合作"等方面对对口合作内容进行了深化。

3. 加强合作交流

3月，东莞市委常委、副市长刘光滨会见牡丹江市副市长李玉俊一行，就两市深化对口合作工作进行深入交流，并共同参加了东莞松山湖莞商联合会推介会。4月，牡丹江市委书记代守仑率牡丹江市党政代表团赴东莞市开展对口合作交流和招商考察活动，东莞市委书记肖亚非与代守仑进行深入交流，东莞市委副书记、市长吕成蹊陪同考察。通过双方高层领导的对接交流，带动两市更多部门、企业、商会协会和人员的深入对接。12月，东莞市委统战部副部长、市工商联党组书记陈国良率东莞市企业家考察团一行赴牡丹江市开展对口合作考察交流。其间牡丹江市重点产业推介会暨牡丹江市·东莞市工商联直属商（协）会战略合作联盟签约仪式举办，推动两市工商界在更高层次、更大范围、更宽领域深化合作。

（二）积极搭建合作平台，全方位推动经贸合作

1. 落地落实合作项目

根据"优势互补、合作共赢"的原则，依托东莞与牡丹江两市资源产业的互补优势，推动项目洽谈合作。两市着眼于新兴产业、农业和绿色产品、文化旅游等互补性强、合作潜力大的产业互动交流，两市已建成和已开工建设的对口合作项目有16个，总投资22.19亿元，合作项目涉及装备制造及加工业、现代服务业、软件和信息技术服务业、住宿和餐饮业等行业。2023年，在"黑龙江—广东产业合作与开放交流大会"上，两市新签约对口合作投资项目4个，总投资额5亿元。

2. 搭建交流合作载体平台

为全面协助牡丹江市发挥驻莞招商"前沿阵地"优势作用，东莞市在松山湖提供场地，由牡丹江市筹建2000平方米产业协同发展中心。建成后，该中心将成为牡丹江市对外宣传媒介桥头堡和对外招商枢纽，对推动东莞市资金、技术、市场等资源参与"中蒙俄经济走廊"建设，打造两市外贸加工产业链，发展木材、粮食等资源型产品进口加工产业意义重大，成为吸引东莞市头部企业赴牡丹江市投资兴业的主阵地。依托东莞市企业技术市场优势和牡丹江市对俄区位优势，充分利用牡丹江市的境内外资源和产业基础，推动东莞市企业开辟俄罗斯市场，共同建设国内国外合作载体平台。计划总投资3亿元的穆棱市下诺夫哥罗德州境外木业加工园区已完成投资2亿元，规划第一期和第二期目标已完成，主要加工生产锯材、单板和装饰材料等，设计生产规模为年原木吞吐量30万立方米，三期木材干燥与阔叶橱柜刨光材、樟子松木结构房屋项目在建，目前生产状况稳定趋好，已达年处理20万立方米的设计产能，产品质量符合市场需求，产品销售流程顺畅。2022年，累计生产木制品产品25万立方米，实现销售收入6.25亿元。2023年，生产木

制品产品 3 万立方米，实现销售收入 8100 万元。投资 1.5 亿元的牡莞智能家居产业园正在进行基础配套设施建设工商注册办理。投资 1.2 亿元的西安区牡莞软体家具制造数字产业园已有宏迈家具、宜居家具、环美家具 3 家企业完成公司注册并正式入驻，宜居家具已经正式运营，宏迈家具、环美家具正在引进生产设备并办理生产手续。

3. 落实协议推动合作

两市积极牵线搭桥、创造条件，推动各部门间和社会各方深入合作。1 月，牡丹江市与松山湖签署《牡丹江市与东莞松山湖高新区产业协同发展框架协议》，聚焦装备制造、生物经济、数字经济、康养旅游、绿色食品等重点产业合作领域，把产业园区合作共建作为重要抓手，加强两市在园区规划、建设、运营、管理等方面的全方位合作。3 月，东莞市松山湖管委会访问牡丹江市，其间举办了"牡莞两地谋发展 对口合作谱新篇"牡丹江市·东莞市松山湖管委会见面会，牡丹江市经济合作促进局与东莞松山湖莞商联合会签署了战略合作框架协议。

4. 深化"两国三地"交流互动

贯彻落实广东省与黑龙江省共同提出的龙粤俄"两国三地"创新合作模式，两市举行视频工作会议，加强多层次合作互动。牡丹江市穆棱市组织东莞市家具行业代表参加中国黑龙江—俄罗斯远东林业合作线上推介会，组织人员参加俄罗斯符拉迪沃斯托克线上国际友谊节活动，积极促成东莞、牡丹江、俄罗斯符拉迪沃斯托克三地外办共同举行视频会谈，推动三地在经贸、科技、农业、数字经济以及教育、文化、旅游和体育等领域的合作。3 月，两市外办和俄罗斯符拉迪沃斯托克国际关系局，共同举办了线上中医"四季养生"知识讲座。讲座由牡丹江市中医院治未病科副主任朱静德和东莞市中医药研究所副所长董明国主讲。邀请了俄罗斯和白俄罗斯有关地方政府、医疗机构代表及各界中医爱好者 30 余人线上参加了讲座，牡—莞—符三地外办主任分别致辞。此次中医知识讲座宣传推介了中华传统医学文化，使俄罗斯和白俄罗斯友人进一步感受到中医文化的魅力，积极搭建了中外医疗交流沟通平台。

（三）推进各专项领域合作，凝聚广泛社会共识

1. 推进干部挂职学习

对口合作开展以来，牡丹江市先后选派 98 名干部人才到东莞市挂职锻炼和到镇街挂职交流，在莞开展科研、经贸、人才等合作交流，既推进了各专项领域合作，又提升了挂职干部对外经贸、推动转型升级等方面的能力水平。2022 年 8 月至 2023 年 1 月，牡丹江市副市长李玉俊等 4 名干部到东莞市松山湖等跟岗锻炼，其间促成了牡丹江市政府与东莞市松山湖高新区签订产业协同发展协议。5 月，牡丹江市副市长刘军龙等 9 名干部在东莞

市政府、镇街等部门跟岗锻炼，积极谋划莞牡合作共建产业园区事宜。

2. 推进文化产业合作

对照《东莞市文化广电旅游体育局与牡丹江市文化广电和旅游局对口合作工作方案（2022-2025）》工作要求，东莞市文化广电旅游体育局积极与牡丹江市文化广电和旅游局沟通协调，从加强部门沟通对接、开展文旅产业合作、推动两地互送游客、加强两市文化艺术交流、强化宣传营销五个方面推动两市对口合作常态化开展。通过旅行社行业协会发动旅行社持续开展游客推送。东莞市各旅行社与牡丹江市地接社加强沟通联系，开拓精品旅游线路。2023 年，东莞市有 30 多家旅行社推出牡丹江市旅游线路，基本覆盖了牡丹江市的著名景点。据不完全统计，截至 2023 年 10 月底，东莞游客赴牡丹江旅游人数已超过 2019 年全年水平，据了解，东莞市游客更青睐冬季赴牡丹江市旅游。4 月，牡丹江市在东莞市举办"美在牡丹江"文旅宣传推广暨招商推介会，新签约项目 6 个，签约额 5.8 亿元。在签约会上，两市旅行社协会、旅游协会代表签署了"百万互游"城市互送游客协议，计划互送游客 100 万人次。

3. 创新科技交流合作

两市确定了产学研对接、高校沟通协作和打造科技创新服务平台三项重点任务。牡丹江市孵化器服务创新联盟分别与东莞市科技企业孵化协会和东莞市松山湖华科产业孵化有限公司签订了合作协议，为牡丹江市产业项目引进、创新平台搭建、孵化服务能力提升和创新体制机制改革提供服务。牡丹江市科技局与东莞市科技局建立对口合作关系，双方在科技成果和企业技术需求等方面建立互通共享、互利共赢的协作机制，推动产学研合作、科技成果转化。4 月，东莞市科学技术局、发展和改革局、工业和信息化局、投资促进局组团赴牡参加黑龙江省科技成果转化招商大会（龙粤合作专场），双方围绕两地数字经济、生物经济、新能源等重点领域签订了一批科技成果转化代表性招商合作项目，总签约额达 46 亿元。

4. 加强粮食和绿色农产品长期供销

按照两市 2018 年签订的《农副产品合作销售意向性协议》，深入挖掘牡丹江市的绿色优质农业资源与东莞市的品牌设计、市场营销和加工能力互补优势，引导两市农业龙头企业加强对接，共同推动现代农业创新发展。东莞市供销合作联社以莞品名优商贸有限公司为平台，统一采购牡丹江市各类农副产品，大力发展面向机关、学校和企事业单位的团购业务，引导系统内干部职工自发购买对口合作地区农副产品。发挥供销合作社系统组织优势和网络优势，形成供销社系统合力，充分发挥供销社品牌效应，在莞香情农产品专营店开设牡丹江农副产品专区，集中销售猴头菇、香菇、银耳等农副产品，拓宽销售渠道。11 月，由东莞市农业农村局、大岭山镇"百千万工程"指挥部、大岭山镇人民政府主办，

《南方都市报》、东莞市信立实业有限公司承办的 2023 年"东莞金牌莞品·预制菜评鉴暨农产品产销对接活动"在东莞市最大的农产品市场大岭山镇信立国际农产品贸易城举办，在突出位置设置了对口合作地区优质农产品产销对接专区。牡丹江大米协会等 37 家企业（协会）组团参展，为牡丹江优质农产品产销对接推广带来更高的人气和关注度。2021 年底，广东江京农业科技有限公司与乔府大院集团签订长期合作协议，授权广东江京农业科技有限公司在广东区域内销售"金福乔府大院"品牌系列产品和进行售后服务。2023 年，共代销乔府大院五常大米约 8000 吨。

5. 市直部门频繁交流

两市市直有关部门按商定工作内容开启了一系列交流活动。东莞市工商联主动对接牡丹江市工商联，开展全方位、多层次的经贸交流活动，充分发挥了桥梁纽带作用。3 月，东莞市工商联邀请牡丹江市宁安市工商联来莞考察，深入桥头、常平、虎门等镇街走访相关企业和商会，互相推荐两地资源，探寻产业合作机遇。当月，东莞松山湖管委会与东莞市发展改革局、松山湖企业及协会赴牡丹江市进行考察调研，松山湖莞商联合会与牡丹江市经合局签约。10 月，松山湖莞商联合会一行赴牡丹江市绥芬河市、宁安市开展合作交流；东莞市工商联组织 12 名企业家赴广州市参加"民营企业进边疆"龙粤合作广东推介会。12 月，东莞市投资促进局邀请牡丹江市经济合作促进局有关领导参加东莞全球招商大会，推动两市招商资源互通、信息共享，加强产业项目对接谋划。历年来，市直部门之间开展对口互访、工作交流等活动 80 多次，仅由各级政府和部门主导的经贸往来、产业合作和投资洽谈等交流活动就达 200 余次，企业界人士往来达上千次。

6. 县镇对接成果丰硕

近年来，东莞市镇街（园区）与牡丹江县市（区）积极响应两市对口合作工作要求，开展频繁互访交流，围绕产业项目合作积极开展对接，在推动两市友好往来和招商引资方面发挥了积极作用。牡丹江市林口县与东莞市塘厦镇开展产业对接合作，向塘厦镇新能源制造、存储类企业宣传推介林口县石墨资源，已挖掘招商线索 3 条。双方实现合作后，不仅能够畅通林口县的石墨销路，而且降低了需求企业的生产成本，达成互利共赢的合作局面。2023 年，牡丹江海林市与东莞市东坑镇签署友好市镇合作协议，牡丹江市东安区与东莞市虎门镇签署对口合作框架协议。目前，东莞市 12 个镇街（园区）与牡丹江 9 个县市（区）签署了对口合作框架协议，广泛开展合作。

7. 共克时艰，守望相助

8 月，牡丹江市受台风"杜苏芮""卡努"连续影响，部分区域遭受洪水袭击，出现严重内涝，对群众生活生产造成较大影响。东莞市委市政府发出慰问函，密切关注牡丹江市防汛抗洪救灾和灾后恢复重建，并力所能及地提供支持。

二、2024 年两市对口合作工作思路

深入学习贯彻习近平新时代中国特色社会主义思想，落实好党中央关于推动东北全面振兴的决策部署，围绕高质量发展和构建新发展格局，立足两市实际，2024 年重点围绕以下方面深入推进对口合作工作：

（一）加强现代农业产业合作，巩固推进农业发展优势

立足两市农产品产需合作巨大空间，积极在东莞市宣传推介和销售牡丹江市绿色有机大米、大豆、甜粘玉米、山特产品、肉制品等优质特色农副产品，鼓励东莞市大型餐饮集团在预制菜制作方面加强与牡丹江市场的合作，打造稳定的农产品供应链，巩固农业和绿色食品长期产销对接关系。

（二）坚持以科技创新带动产业创新，深化优化合作结构

两市在东莞松山湖高新区共同筹建牡丹江产业协同发展中心，对接匹配两市数据资源、科研能力、产业平台、应用场景互补优势，促进数字技术与实体经济深度嫁接融合。把握战略性新兴产业发展趋势、国家战略和市场需求，推动两市战略性新兴产业合作，重点在电子信息、新材料、文化旅游等领域因地制宜深化合作。积极开展莞牡合作共建"优势互补、互为配套、互利共赢"产业园区工作，推动两市科技成果就地转化、高质量转化。

（三）积极融入"一带一路"，推动提升对内对外开放水平

深化龙粤俄"两国三地"创新合作模式，推动莞牡共同参与粤港澳大湾区和"中蒙俄经济走廊"建设，充分发挥牡丹江对俄区位优势，加快打造跨境产业链和产业集群，推动东莞市相关企业积极"走出去"，赴俄远东地区开展投资合作，扩大两市对俄出口的规模与水平，努力将资源、区位优势转化为资本优势与产业优势，积极融入"一带一路"。

（四）持续深入开展对接交流，优化两市营商环境

加强高层互动交流，强化干部人才交流。深度匹配对接东莞市产业溢出和牡丹江市产

业吸纳能力，抓好重点领域招商引资。构建常态化招商引资联席工作平台，充分调动社会资本参与的积极性和主动性，为两市精准招商、产业合作创造对接机会。深化两市在招商引资、制度创新、服务企业和科技成果就地转化等方面经验互学互鉴，进一步优化营商环境，激发投资兴业合作的信心和热情，为产业结构转型升级提供智力支持。

（撰稿人：皮圣洁、卢爽）

第十一章 黑河市与珠海市对口合作

黑河市发展和改革委员会 珠海市发展和改革局

2023 年，珠海市与黑河市深入学习贯彻习近平总书记关于推动东北全面振兴的重要论述和党的二十大精神，全面贯彻落实党中央、国务院关于开展对口合作战略部署，在两省省委、省政府的坚强领导下，在两省发展改革部门的大力支持下，两市对口合作工作取得了一定成效。

一、2023 年工作进展情况

按照《黑龙江省与广东省对口合作 2023 年工作要点》要求，两市主动对接、积极沟通，坚持"政府搭台、社会参与"原则，进一步挖掘两市对口合作潜力，扎实推动对口合作各项工作高效开展。

（一）持续深化体制机制合作

1. 两市高层互访，密切交流

4 月 23 ~ 24 日，黑河市委书记、市人大常委会主任李锡文率黑河市党政代表团赴珠海市开展对口合作暨经贸交流活动。其间黑河市党政代表团分别与珠海市政府、珠海黑龙江商会举行了座谈会。3 月 27 ~ 28 日，黑河市副市长景泉率黑河自贸片区管委会、市发展改革委负责同志赴珠海市，就两市共建园区事宜进行了对接。4 月 22 日，在黑龙江—广东产业合作和开放交流大会上，两市政府签署了深化对口合作暨共同打造海河对俄进出口加工产业园框架协议。4 月 3 日，为推动两市文旅产业合作，黑河市政府一级巡视员陈晓杰赴珠海市进行对接。其间以"中俄双子城 北国养生地"为主题的 2023 年黑河市文旅资源产品（招商）推介会在珠海市举办，黑河市就特色旅游资源产品进行了推介。10月26～27日，广东省发展和改革委副主任秦黎明率队赴黑河市调研对口合作工作，其间考察了黑河市国际中药材展示中心、海河共建园区、互市贸易区、跨境索道和俄品多等项目。

2. 积极推进双方干部和人才交流学习

2023年，为促进干部和人才在不同环境中锻炼提高，黑河市分两批次先后推荐8名干部（其中2名厅级）赴珠海市跟岗锻炼学习；依托珠海市委党校资源，黑河市组织了两期优秀中青年干部培训班赴珠海市学习，参训学员共99名。10月下旬至11月上旬，珠海、黑河两市联合选派60名年轻干部，探索"双城联动"举办中青年干部培训暨深化对口交流合作研学班，采取珠海、黑河两市分段办学模式，互通有无、互相学习，共同促进区域协调发展，加快构建新发展格局，实现高质量发展。

3. 深化拓展合作领域和层次

4月24日，在珠海市召开黑河—珠海对口合作座谈会，珠海市委副书记、市长黄志豪与黑河市委书记、市人大常委会主任李锡文就两市对口合作工作进行了深入交流，共商两市深入学习贯彻习近平总书记关于对口合作的重要指示精神、深化对口合作发展事宜。珠海与黑河两市同属边境口岸城市，产业关联度高、经济互补性强，两市深化合作的空间广阔、潜力巨大。两市在巩固已有合作成果的基础上密切交流、共同探索，在经贸物流、新兴产业、科技创新、文化旅游等重点领域的合作基础上进一步拓展合作空间，重点在白色家电出口、共建园区、中药材产业合作和"两国五城"合作模式等领域推动项目建设，将两市对口合作推向更高层次、更广领域，携手实现高质量发展。

4. 强化交流共筑合作平台

4月，黑河市逊克县经济合作中心到珠海市开展交流参观活动，探讨在产业联动、合作发展等方面的工作安排。聚焦招商引资、营商环境优化、产业发展等重点领域，持续提高双方合作水平。8月，珠海市赴黑河市北安市、逊克县开展实地考察调研，并进行深入座谈交流。在进一步集聚双方资源、充分发挥各自优势的基础上，持续拓宽对外开放、文旅融合、人才交流、产业升级等领域的合作广度，挖掘优质农副产品、地道药材供给等方面的合作深度。

（二）持续深化产业合作

1. 深化两市产业开放合作

起草《黑河市人民政府　珠海市人民政府深化对口合作暨共同打造海河对俄进出口加工产业园框架协议》，两市领导于4月22日共同签署。该协议旨在促进两市经济合作，加强产业对接，推动经济发展。协议明确了两市将在中医药产业、旅游康养、边境贸易等多个领域展开合作。协议的签署标志着两市对口合作进入了新的阶段，将有力推动两市经济社会的快速发展。未来，两市将继续深化合作，共同推进海河对俄进出口加工产业发展，为实现更高水平、更宽领域的互利共赢贡献力量。

2. 加强中药产业交流

珠海市与黑河市合作共建的珠海市—黑河市国际中药材展示中心，在黑河市自贸片区中俄医药研发加工产业园顺利落成并通过验收，并于10月1日正式对外开放。两市商议决定将发展中药产业作为推动生物经济领域合作的平台载体，充分发挥黑河市生态资源优势，坚持中药材产业特色化、规模化、标准化、市场化发展方向，共同推进黑河市中药材产业快速发展。6月9日，珠海市发展改革局率市相关企业赴黑河市调研中药材企业发展情况，并就两市下一步中药材产业招商方向和发展目标达成共识。目前共有10家进口中药材加工企业落户黑河自贸片区，其中有5家企业获得GMP认证。

3. 密切跟踪推动项目落地

一是推进黑龙江省党政代表团赴广东签约成果落地。广东行活动中，黑河市共签约11个重点合作项目，总投资54.8亿元，已纳入黑河市"四个体系"督导落实。二是积极推动哈尔滨市力海鑫生物科技股份有限公司落户珠海市，该公司是一家以从事研究和试验发展为主的企业，致力于创新生物医用新材料的研发，首席专家为中国工程院院士。该公司计划在珠海市香洲区落地注册基地，设立产业化厂房及配套相关设施，项目总投资约1.35亿元，其中，注册基地厂房需求面积约1000~2000平方米，产业化生产厂房需求面积约20000平方米。珠海市区属国企正菱正在与企业进行对接。

4. 携手推动文旅产业深度合作

4月3日，以"中俄双子城北国养生地"为主题的2023年黑河市文旅资源产品（招商）推介会在珠海市成功举办。推介会上，珠海市文化广电旅游体育局、珠海传媒集团与黑河市文化广电和旅游局签订战略合作协议，广东省拱北口岸中国旅行社与黑河旅行社协会签订了游客互送协议，珠海市供销投资控股集团有限公司与黑河市全域绿色农业发展集团有限公司签约共谋发展。推介会的成功举办，为两市旅游主管部门和业界继续深化交流与合作，携手推动两市文旅资源互通、合作共赢迈上新台阶注入了新的动力。双方文旅部门将以此为契机，进一步加强合作交流，实现市场互动、客源互送、信息互通、互利互惠、合作共赢。

5. 合力培育科技型企业

支持广东省知名企业与黑河市行业优势企业在黑河市建立创新联合体，对于从广东省引进的高新技术企业，黑河市同级财政给予20万元奖励。通过这一措施，将进一步优化黑河市产业结构，提升经济发展质量，促进两市合作交流，实现互利共赢的发展目标。

6. 促进农产品加工业技术合作

推动海河汇豆制品加工基地项目加快全面投产，该项目已竣工，2023 年，珠海市粤淇食品公司收购黑河市大豆约 8000 吨。9 月 11 日，黑河市孙吴县县长刘淼带队赴珠海市考察，两地签署了《珠海市斗门区生态农业园与黑龙江孙吴经济开发区合作共建框架协议》，就促进农产品加工业技术合作达成共识。根据协议，两地将按照"优势互补、互惠互利、长期合作、共同发展"的原则，加强招商引资、人才技术、园区建设和企业对接等方面交流合作，共同推动农产品加工业的发展，为两地经济发展注入新的活力。

（三）持续深化开放合作

深化服务国家对外开放战略。黑河市和珠海市同作为"一带一路"重要节点城市，具有得天独厚的地缘优势。2022 年 11 月，两市与俄罗斯布拉戈维申斯克市、下诺夫哥罗德市、南萨哈林斯克市举办中俄"两国五城"市长视频会晤并共同签署《中国黑河市、珠海市和俄罗斯布拉戈维申斯克市、下诺夫哥罗德市、南萨哈林斯克市友好合作意向书》。2 月 7 日，中俄"两国五城"外事部门举行视频会晤，落实中俄"两国五城"市长视频会晤线上签署友好合作意向书内容，并探讨研究五城间合作项目，进一步增进五城人民间友谊，带动人文、经济等领域互动，促进共同繁荣发展。

二、2024 年工作计划

两市将持续落实省对口合作工作要求，进一步深化对口合作，构建多层次合作体系，实现合作项目进一步精准、合作领域进一步扩大、合作质量进一步提升。

（一）加强干部和人才走访交流

持续推进双方干部和人才相互交流学习，加强沟通对接，做好有关干部的跟岗锻炼工作安排。搭建人才信息共享交流平台，在人员培训、人才共享等方面开展合作，引导双方人才合理流动。

（二）持续优化营商环境

推动两市在"放管服"、营商环境改革、数字政府建设等方面经验做法相互借鉴，深化改革创新经验交流推广，促进改革创新经验复制推广。推进两市政务服务"跨省通办"

合作，推动黑河市异地高频政务服务事项实现"一网通办、一次办成"。

（三）聚焦产业发展新优势深化合作

加强黑河市与珠海市产业体系对接融合，持续推进海河对俄进出口加工产业园区建设，推进中草药产业、"两国五城"、白色家电出口等领域合作。充分利用黑河自贸片区、瑷珲对俄进出口加工基地的区位和政策优势，鼓励珠海市企业到黑河市对俄进出口加工基地投资发展。支持珠海市医药企业与黑河市中药材企业开展原材料采购、研发、生产等合作，共同促进生物健康产业发展。鼓励珠海市白色家电、打印耗材、新能源等企业积极参与中国—俄罗斯远东经贸交流活动，充分利用黑河市边贸资源，积极拓展俄罗斯市场，做大做强对外贸易。

（四）推动农业优势产品合作助力乡村振兴

结合黑河市农产品资源丰富的优势，进一步推动两市农产品产业合作，推动企业在农业和绿色食品精深加工和营销方面开展深度合作。引导珠海与黑河两市名优产品交流合作，举办农产品产销对接活动，持续深化农产品合作。鼓励黑河市名优产品到珠海市展销，引导企业参与黑河市农产品研发、采购、平台建设，重点推进粤淇食品与黑河绿农集团开展合作。支持企事业单位采购黑河市绿色食品，促进黑河市的特色农副产品进入珠海市及周边市场。

（五）深化文化旅游康养产业合作

加强两市文旅联动，适时组织文旅企业赴黑河市宣传推广珠海市旅游产品，邀请黑河市旅游相关部门及文旅企业到珠海市进行参观调研，发挥两市旅游资源集聚、生态环境优良的优势，共同推进两市旅游业发展。充分利用黑河市中俄边境、黑河市五大连池等旅游特色资源，以及珠海市情侣路沿线等丰富旅游资源，鼓励两市旅行社开发旅游产品，设计南北二地特色互补的旅游线路，合力推进旅游业发展。搭建两市手信及文创产品的宣传展示平台，将黑河市的特色产品纳入珠海市"香洲礼"的手信品牌，促进手信文创产业共同发展。

（六）加强对口合作宣传

积极宣传黑河市营商环境优化情况，提升企业对黑河市的认知度、友好感，激发企业热情，增强企业家到黑河市投资的信心，吸引更多社会力量参与到对口合作工作中来，营造良好的对口合作氛围。

（撰稿人：林扬筌、梁卫东）

第十二章　绥化市与湛江市对口合作

绥化市发展和改革委员会　湛江市发展和改革局

2023 年以来，湛江市和绥化市深入贯彻落实习近平总书记视察广东省、黑龙江省的重要讲话、重要指示精神，紧紧围绕《黑龙江省与广东省对口合作"十四五"实施方案》《黑龙江省与广东省对口合作 2023 年工作要点》，立足两市要素禀赋，不断拓展合作领域，推动对口合作走深走实。

一、2023 年对口合作工作进展及成效

（一）对接交流共上新台阶

加强高层互访，2023 年召开两次党政代表团联席会议，推动两市在招商引资、产业合作、产学研合作等重点方面达成合作共识，签署了《黑龙江省绥化市与广东省湛江市深化对口合作协议》。在高层互动推动下，两市在旅居养老、文化旅游合作、粮食购销合作、政务跨省通办、工商业联合会等领域积极开展互访交流，开展交流活动 14 次，部门签署合作协议 16 份，合作领域不断拓宽，合作质效稳步提升。

（二）干部人才交流共开新常态

持续推进干部互派交流学习，绥化市选派 4 名优秀干部到湛江市跟岗锻炼，其中，1 名省厅级干部在市政府党组挂职交流，3 名绥化市处级干部分别在坡头、廉江、吴川等地政府党组挂职锻炼，互相学习两市好经验好做法，促进两市工作对接合作。深化人力资源合作，通过搭建人才信息共享平台、开展人才培养培训合作、共建共享重点人才数据、

加强劳务协作关系、开展常态化交流促进两市人力资源合作。通过"绥化就业大集"线上直播招聘为湛江市企业举办专场招聘会，湛江市参加"绥化—湛江首场劳务协作线上招聘会"，参加企业 15 家，提供岗位 101 个、用工需求 950 余个。

（三）农业合作共创新成果

"北薯南种"规模持续扩大，遂溪示范基地种植面积已达到 1.3 万亩（其中"稻—稻—薯"高效生产示范基地 4800 亩，旱坡地马铃薯示范基地 8200 亩），联社与百事公司签订收购合同，马铃薯订单价格 1.45 元/斤，实现产值 2784 万元，纯收入 624 万元；8200 亩旱坡地红薯平均亩产 2.5 吨，价格 1.4 元/斤，实现产值 5740 万元，纯收入 820 万元。"稻—稻—薯"生产模式得到官媒点赞，中央电视台的《朝闻天下》《新闻直播间》《新闻30分》《天下财经》《第一时间》等栏目相继播出"北薯南种"相关报道。"稻—稻—薯"产粮高效合作经验在第十三届中国国际薯业博览会·广东薯业主题推介上分享。借力"稻—稻—薯"合作基础，湛江"仙品荔"、红海米、番薯、福东海药膳、金鲳鱼、预制菜等特色农产品先后亮相湾区品鉴会（广州）、"南品北上 北品南下"省际农业交流合作暨广东名特优新农产品走进黑龙江（哈尔滨）宣传推介活动。

（四）商贸消费共拓新市场

推动两市电商开展优质农产品互售，湛江市累计开设绥化市寒地黑土产品销售网点 190 处，年销售额超 1000 万元。绥化市电子商务创新创业园寒地黑土绿色食品旗舰店在湛江市设立专柜并正常运营，已入驻湛江企业 11 家，涉及产品 72 款。同步引流至天猫绥化原产地商品官方旗舰店、金马优选等线上平台，已实现在绥化周边地区销售。用好"哈洽会"等经贸平台，湛江市小家电基地参展，重点展示智能制造、品牌建设等内容，拓展湛江市家电自主品牌产品销售渠道。两市粮食局签署长期合作协议，新增玉米等商品粮及其制品的供需意向，在湛江市举行"五谷杂粮下江南·我在绥化有亩田"海伦专场推介会，进一步深化两市粮食购销合作。

（五）文旅交流共享新优势

积极开展文化旅游交流活动，协助绥化市旅游推介代表团到湛江市开旅游营销活动，举办以"寒来暑往 南来北往"为主题的绥化市夏季旅游推介会，组织湛江市主要旅行社企业负责人参与推介交流工作，两市文旅部门签订文化旅游领域深入合作协议，推动两市 6 家旅行社代表签署互送客源合作协议，发布了绥化湛江旅游线路等，多措并举打造"寒来暑往 南来北往"文旅合作品牌。借助中国老年旅居康养论坛暨 2023 年天鹅颐养经济走廊城市合作机制年会召开契机，全面加强旅居资源和养老机构服务资源合作共享，绥化市民政局与湛江市 9 个县（市、区）围绕养老、医疗、康复等方面签订旅居康养合作框架协议，全面建立民政领域合作关系。

（六）科技创新共探新进展

不断提升孵化服务能力，向绥化市推介湛江市孵化器建设"政府引导、民企投资，市场化运作"的运营模式和管理经验，并集中推送到当地 9 家省级、市级科技企业孵化载体。鼓励两市高校开展交流合作、互访交流，签署《绥化—湛江"两地两校"合作协议》，围绕特色水产养殖、盐碱地改良、北薯南种、农业种业等开展交流合作，加强学术交流、农业技术人才培训。

二、2024 年对口合作重点工作计划

（一）加强产学研合作

深入实施《绥化—湛江"两地两校"合作协议》，在特色水产养殖、盐碱地改良、黑土地保护、两薯互种、农业育种、预制菜开发、南北农海产品产销、农业技术人才培训等领域深化合作。推动两市依托现有产业基础，在产业链上下游整合、产需对接、优质资源共享和延链补链强链上加大合作力度，积极争取在产业合作上实现突破。

（二）促进农业合作交流

持续加大政策扶持和推动力度，大力推广"稻—稻—薯"高产高效模式。紧抓预制菜经济新赛道、新风口，以创建百亿级预制菜产业集群为抓手，不断深化"稻—稻—薯"农业合作深度、广度，推动马铃薯、红薯一同走进生产车间，与对虾、金鲳鱼等优质海产品"强强联手"，组成鲜香味美的"预制菜 CP"，实现从"北薯南种"到"稻—稻—薯"再到"稻—稻—薯+预制菜"的升级"蝶变"，加快推进农业工业化进程。继续深入推进两市粮食购销领域合作，创新粮食方面互访、交流和产销合作机制，实现互利共赢、共同发展。

（三）深化经贸合作

积极组织发动两市企业参加"哈洽会"、广东国际水产博览会等重点展会，积极组织

湛江市相关电商企业开展走进绥化小家电专项电商销售行动，共同推动两市探索产销对接模式，进一步促进湛绥两市经贸交流与合作和消费升级。

（四）深化文化旅游合作

加强两市文化旅游交流合作，共同营销、资源共享、客源互动，联手打造旅游品牌，进一步推进两市文旅产业高质量发展。继续以推进双方旅居养老服务市场健康发展为抓手，研究制定适合两市合作的旅居康养相关标准和规范等，发挥标准和规范在信用监管、风险监测、品牌培育、质量担保、保险保障等方面的综合效能，推动旅居养老服务品牌建设。

（五）深化招商引资合作

进一步加强招商引资对接协作，建立招商线索、信息、资源互通共享机制，探索在绿色食品、全域旅游、新型能源等产业领域谋划一批招商引资合作项目，确定一批重点目标企业，进一步优化供应链、拉长产业链和提升价值链。

（六）深化政务服务合作

聚焦审批制度改革和政务服务能力提升，持续打造办事方便、法治良好的营商环境，深入贯彻落实惠及各类市场主体的政策举措，提升投资者对绥化湛江两市的认知度和友好感，激发企业家到当地创业兴业的信心和热情。

（撰稿人：欧锴、杜鑫鹤）

第十三章　大兴安岭地区与揭阳市对口合作

大兴安岭地区行政公署发展和改革委员会　揭阳市发展和改革局

2023 年，在两省省委、省政府的坚强领导下，揭阳市、大兴安岭地区通过制定实施方案、完善工作机制、密切双方交流、开展企业对接、推进项目合作和人才挂职交流等举措，推动对口合作各项工作取得了积极进展。

一、2023 年对口合作工作进展情况

（一）完善对口合作机制

为进一步深化大兴安岭地区与揭阳市对口合作，两地共同印发了《大兴安岭地区与揭阳市对口合作 2023 年工作要点》（大揭联发〔2023〕1 号），确定在数字经济、南北药、冰雪经济、"双碳"等 11 个领域深化合作，推进合作成果落地见效，推动两地对口合作高质量发展，不断取得新突破。

（二）开展产业务实合作

一是建立大兴安岭山特产品自营店。大兴安岭林海明珠网络技术服务有限公司在揭阳市榕城区设立大兴安岭山特产品店，目前已建成投入运营。二是积极开展电商合作。签署了《揭阳·大兴安岭生态产品旗舰店与中通快递粤东产业园快递物流合作协议》，以创建国家级电子商务进农村综合示范项目为契机，在揭阳市普宁市农村产品供应链展厅设立了大兴安岭地区产品展示专柜，提高大兴安岭地区产品在揭阳市的知名度，为大兴安岭地区的产品提供了一个新的、长期的展示窗口。三是完善招商机制。大兴安岭地区成立了 8 个

招商专班、9 个招商小分队，分别由行业主管副专员任组长，行业主管部门为牵头部门，各县（市、区）政府主要领导为第一责任人，为招商引资提供强有力组织保障。同时，在深圳市成立广东省大兴安岭商会，鼓励和引导大兴安岭籍企业家通过成立商会组织抱团发展、资源共享、拓宽渠道、扩大市场，实现更好更大发展，并于 4 月 24 日在深圳市举行了揭牌仪式。

（三）加强两地交流互访

3 月，大兴安岭地委副书记、行署专员范庆华率大兴安岭地区行署代表团到揭阳市考察，并与揭阳市签订了对口合作框架协议等 6 个协议。6 月下旬，揭阳市委宣传部部长刘波带领揭阳市文化广电旅游体育局相关同志和文旅企业代表赴大兴安岭地区参加北极光节。6 月 15~17 日，揭阳市普宁市委副书记、市长林建文带队分别赴加格达奇区、漠河市开展招商引资和商贸合作活动。

（四）推动县区合作和挂职交流

3 月，大兴安岭地区呼玛县经开区与揭阳市揭西县产业园区签订对口合作协议。双方同意在市场商贸、产业联动、文化旅游、社会事业等方面加强合作，建立县区一级对口合作关系。5 月，大兴安岭地区选派了 4 名厅处级干部到揭阳市开展为期 6 个月的跟岗锻炼。通过为期半年的挂职和学习，切实促进两地干部相互学习与经验交流，提升业务水平和综合服务能力。

（五）加强文旅和教育交流合作

一是开展教育交流学习。8 月，揭阳市组织 56 名优秀普通高中师生到大兴安岭研学营地开展研学实践教育活动。大兴安岭地区为揭阳市师生深度开发了漠河北极村文化探究等系列研学课程，推动两地"旅游+教育"融合发展，为两地教育系统实现更广泛的合作奠定了基础。二是推进旅游交流合作。两地相互推出旅游精品线路，开展南北旅游联盟宣传系列活动，通过两地微信公众号、视频号、抖音号互相宣传，常态化宣传推介两地文化旅游资源和动态信息。

（六）推动两地直飞延续

两地政府积极协调揭阳潮汕国际机场、东方航空公司、民航东北局等相关部门，推动揭阳—哈尔滨—漠河航线于 4 月顺利延续。截至 12 月底，揭阳—哈尔滨—漠河（加格达奇）航线共执行运输起降 219 架次，运输旅客 34147 人次，平均客座率 84.7%。

二、取得的主要成效

（一）推动政务服务跨省办理

两地互相借鉴商事制度改革方面的成功经验，优化营商环境和提升政务服务水平，将政务服务链条延伸到群众身边，让办事群众体验到就近能办、多点可办、少跑快办的政务服务。两地营商部门成功签订了政务服务事项"跨省通办"协议，推动首批大兴安岭地本级 142 项、县级 78 项高频政务服务事项与揭阳市实现跨省办理，并在政务服务网建设了与揭阳市的跨省通办专区，标志着两地正式建立政务服务"跨省通办"合作机制。

（二）推动产业合作取得新进展

黑龙江呼玛县经开区与揭阳市揭西县工业产业园就产业发展合作签订协议，借助揭西县产业园在生物医药、食品加工等产业发展方面的管理经验和经营模式，促进呼玛经开区相关企业补短板、强优势、兴发展。呼玛县经开区大兴安岭东旺农业科技有限公司与揭西县产业园广东众亿食品工业有限公司，大兴安岭呼玛县岭纯油脂有限公司、大兴安岭东旺农业科技有限公司分别与广东雅都包装印刷有限公司签订合作协议。同时，大兴安岭地区充分发挥在现代农业高质量发展方面的优势，向揭阳市农业农村局推送项目 12 个，寻求合作切入点，加强大豆及大豆制品等项目合作，促进两地农业共同发展。

（三）推动干部人才培训和各领域交往交流

大兴安岭地区选派 4 名厅处级干部以"跟岗锻炼"的形式到揭阳市对口部门开展交流学习。共开展人才培养、医疗培训、主题研学等各领域的交流交往活动 13 次，推动各领域深入合作。

三、2024 年工作思路

2024 年，两地将根据两省省委、省政府统筹部署，按照《大兴安岭行署与揭阳市对口合作实施方案》，沿着"潮人北上、北货南下"思路，在巩固前期成果基础上，重点抓好以下几方面工作：

（一）继续深化对口合作

围绕大兴安岭地区与揭阳市新一阶段对口合作框架协议提出的重点合作领域，不断拓展合作领域，深化合作内容，促进合作成果生成落地。加大宣传推介力度，增加务实性的考察、交流，吸引更多企业投资兴业，实现优势互补、合作共赢。

（二）开展文化旅游合作

召开两地旅游联席会议，加大旅行社的对接，促进资源互推、游客共享。探索建立促进两地互为客源地的"候鸟式生态康养新模式"，充分利用大兴安岭独特的旅游资源和闲置资产，培育候鸟式养老、森林康养等新业态，加快旅游康养产业融合发展，制定潮汕人群旅游新干线，打造"潮人北上"新模式。

（三）深化产业项目合作

一是继续开展电商合作。充分利用揭阳市作为国家电子商务示范城市和在快递物流等方面的优势，推动大兴安岭地区绿色食品"上网触电"，加快两地电商物流企业融合发展，打造"北货南下"快车道。二是深化绿色食品合作。支持两地企业开展特色林农、绿色食品生产加工、土特产品基地建设和农产品精深加工合作。三是推动南北药合作。依托揭阳市医药产业人才、技术、市场优势和大兴安岭地区丰富的自然资源及野生药材资源，深度挖掘产品供给和需求能力，推动两地生物产业共同发展。

（撰稿人：林佳源、郭莉）

第四部分 案例篇

第一章　共建联盟　协同推进
职业教育高质量发展

广东省教育厅

为进一步协同推进广东、黑龙江两省职业教育高质量发展，两省教育厅组织推动成立由广东省和黑龙江省 23 所职业院校（广东省 11 所、黑龙江省 12 所）组成的龙粤职业教育协同发展联盟，构建政府、职业院校、行业企业、研究机构和其他社会力量广泛参与的多层次、宽范围、广领域的职业教育合作体系，构建技术技能人才联合培养机制，共建两省职业教育高水平专业（群），共育人才，共营教学竞赛环境，共享优质科研资源，共提学校治理水平。

一、扩充联盟力量，升级合作形式

2023 年，组织广州市旅游商务职业学校、佳木斯职业学院、黑龙江商业职业学院、黑龙江农业职业技术学院 4 家新成员单位加入联盟，联盟成员院校从 19 所增加到 23 所，联盟力量得到进一步扩充。广东轻工职业技术学院充分发挥国家"双高"院校的资源优势，将 2020 年牵头成立的"职业院校对口支援协同发展联盟"更名为"职业院校跨区域协同发展共同体"，共同体由最初的 11 家院校提质扩容至涵盖黑龙江（大兴安岭职业学院、黑龙江交通职业技术学院、牡丹江市职业教育中心学校）等 8 省（区）21 所院校的强大实体。

二、深化人才培养合作，形成品牌效应

自 2019 年 7 月广东科学技术职业学院与黑龙江旅游职业技术学院签署东西协作职教实验班合作协议以来，两校已联合培养 700 余名学生，首届职教实验班 111 名学生已于 2023 年 6 月毕业。职教实验班学生在 2023 年全国高校商业精英挑战赛会展专业创新创业实践竞赛中荣获省赛一等奖 3 项、二等奖 1 项、三等奖 2 项。职教实验班在两省职教领域首开先河、率先垂范，进一步盘活、优化了两校优质职业教育资源配置，以教育带动人才培养水平提升，形成了"南北资源共享、专业人才共育"的人才培养特色品牌。广州番禺职业技术学院与黑龙江建筑职业技术学院创新联合培养模式，在结对院校中率先达成学分互认目标，两校建筑工程技术专业实施学分银行制度，共建专业资源库，40 余名学生参与线上学习，相近课程成绩可进行互认，实现学生学分互认。

三、拉开行业产教融合序幕，产教资源实现跨省流通

广东科学技术职业学院与黑龙江旅游职业技术学院在空乘专业实验班的基础上，进一步深化合作，联通政校行企四方，促进教育链、人才链与产业链、创新链有机衔接，逐步形成高质量民航技术技能人才培养—企业选人用人—产业发展的良性循环，为学生提高专业技能水平、实现高质量就业提供了机会和平台。华南理工大学、广东交通职业技术学院和广东省交通集团有限公司牵头成立东西部综合交通行业产教融合共同体，携手黑龙江交通职业技术学院、贵州交通职业技术学院等院校，汇集行业组织、学校、科研机构、上下游企业等多方主体，推动交通行业产教全要素融合，搭建集产业发展、科技研发、教育教学于一体的综合性平台，既有助于提高粤黑两省交通人才培养质量，又汇聚全国各地交通行业优势资源，服务建设"交通强国"国家战略。

第二章　双向互动　赋能"跨省通办"政务服务

广东省政务服务和数据管理局

为贯彻落实习近平总书记关于区域协调发展的系列重要论述，按照《国务院办公厅关于扩大"跨省通办"范围进一步提升服务效能的意见》（国办发〔2022〕34号）有关工作部署，进一步加强广东与黑龙江两省交流合作，推动双方共赢发展，广东省政务服务和数据管理局充分发挥"数字政府2.0"建设的牵引驱动作用，与黑龙江省深入开展数字政府建设交流合作，取得了积极成效。

一、加强工作协同联动，持续深化机制衔接

2023年4月20日，广东·黑龙江对口合作工作座谈会在广州召开。其间广东省人民政府与黑龙江省人民政府签署对口合作高质量发展框架协议。根据协议，双方将共同推进政务服务"跨省通办"合作，发挥线上服务专区、政务服务大厅代理代办等渠道的功能作用，推动异地高频服务事项实现"一网通办、一次办成"，并持续深化两省支持企业发展和数字政府建设的做法经验交流。10月22～24日，黑龙江省营商环境建设监督局赴广东省开展调研工作，双方就推进黑龙江省与广东省政务服务"跨省通办"应用工作，电子证照应用推广工作，粤政易、粤省事、粤商通等"粤系列"政务服务平台应用等进行座谈交流，在深圳市政务服务数据管理局就学习借鉴"@深圳—民意速办"经验做法进行深入调研，进一步推进两省政务服务"跨省通办"对口合作工作，突出双向互动、优势互补，共同探索完善数字政府相关业务和技术体系，推动实现合作共赢。12月，广东省举办第二届数字政府建设峰会暨"数字湾区"发展论坛，邀请黑龙江省参会，促进两

省数字政府建设领域交流合作。

二、扩大通办事项范围，扎实推进通办合作

深入贯彻落实《国务院办公厅关于加快推进政务服务"跨省通办"的指导意见》（国办发〔2020〕35号）和《国务院办公厅关于扩大"跨省通办"范围进一步提升服务效能的意见》（国办发〔2022〕34号）等有关文件要求，广东省聚焦保障改善民生及助力惠企利企，加快解决群众关切事项的异地办理问题。据统计，有14.4万黑龙江省居民在粤工作，按照需求量大、覆盖面广、办理频次高的原则，推动广东省与黑龙江省的社会保障卡申领、异地就医登记备案和结算、养老保险关系转移接续、户口迁移、住房公积金转移接续、就业创业、异地电子缴税等共计128项个人服务高频事项以及企业设立、变更、注销登记等共计29项涉企服务高频事项实现"跨省通办"，便利两省群众企业异地办事及开展生产经营活动，提高跨区域政务服务水平，持续提升人民群众的获得感、幸福感。

下一步，广东省政务服务和数据管理局将与黑龙江省深入组织开展数字政府建设合作，充分发挥广东省数字政府改革建设的先发优势，重点围绕政务服务、平台应用建设等方面开展对接合作，不断提升两省通办工作推进效率，助力黑龙江省数字政府和数字经济、数字社会高质量发展。

第三章　优势互补　冰雪体育发展出新出彩

广东省体育局

为深化落实《黑龙江省与广东省对口合作"十四五"实施方案》，共同建设黑龙江省"上合组织冰雪体育示范区"和广东省"冰雪运动'南展'示范区"，粤、黑两省体育局于 2023 年 4 月 22 日签订了《关于共同推动冰雪体育发展的合作框架协议》，通过充分发挥各自在冰雪资源、消费市场、人才培养等方面的优势，统筹规划在冰雪运动普及、冰雪竞技提升、冰雪产业提质、冰雪融合发展、冰雪文化交流等领域展开深度合作，共同推进两省冰雪体育高质量发展。

一、推进冰雪竞技合作

一是签署协议共同备战。广东省体育局指导省黄村体育训练中心与黑龙江省冬季运动与后备人才管理中心签署了运动员联合培养协议（书）并报国家体育总局备案，明确两省在冰球、花样滑冰、冰壶、越野滑雪、自由式滑雪等 10 个项目联合培养运动员 81 名，共同备战 2024 年内蒙古第十四届全国冬运会，力争获得 14 枚以上金牌。二是充分发挥各自优势，黑龙江省提供优秀教练员与良好的训练环境，广东省提供潜优运动员、优质科医服务和相关资金保障，共同为国家培养优秀冬季项目人才。广东省花样滑冰运动员戴大卫在黑龙江省冰上训练中心训练，并在黑龙江省教练贾曙光的指导下获得 2022/2023 赛季全国花样滑冰冠军赛男单金牌，创造了广东省冰雪竞技新的历史，目前该运动员正在全力为米兰冬奥会做准备。广东省自由式滑雪雪上技巧运动员李牧赛、黎睿霖长期跟随黑龙江省队训练，在 2022/2023 赛季全国自由式滑雪雪上技巧冠军赛上获得 3 金 3 银的好成绩，已成为该项目国家队重点运动员。此外，广东省在科研保障、后勤补给上加大投入力度，目前已派驻专业科医人员、康复人员至黑龙江省越野滑雪、自由式滑雪等队支持工作，并按年度提供营养品，为相关队伍取得优异成绩作出了贡献。三是两省女子冰球项目合作效果显著。广东省女子冰球项目通过与黑龙江省深化合作，于 2023 年 7 月 22 日在内蒙古第十四届全国冬运会上女子冰球公开组比赛中获得冠军，摘得"十四冬"首金。8 月 26 日，以两省运动员为班底的女子冰球国家队在 2023 年国际冰联女子冰球世锦赛甲级 A 组比赛中 5 战全胜，时隔 14 年再次升入世锦赛顶级组，为中国女子冰球队在米兰冬奥会上取得优异成绩打下了良好基础。

二、推动冰雪产业合作

广东省与黑龙江省诸多体育企业紧密合作，在器材采购、人才培养、赛事交流、培训输出等方面均有长期稳定的合作。在器材采购方面，与多家滑雪、冰球、冰壶供应商以及俱乐部建立长期合作关系，确保了所使用的器材的质量和性能，满足了广东省室内滑雪场、冰场等日常需求，使广东省冰雪项目爱好者和运动员能够在良好的条件下进行冰雪项目体验、训练和比赛。在人才引进方面，黑龙江省专业退役运动员、高校冰雪专业毕业生为广东省提供了高质量的培训讲师和指导老师，多次从哈尔滨体育学院引进冰壶、冰球、滑雪优秀教练员，为广东省俱乐部及滑雪学校提供专业滑雪师资力量以及培训服务。两省多项目推出冬令营产品，以广东省客户资源为基础，结合当地优质冰雪资源推出冰雪项目冬令营产品。

第四章 创新赋能 助力自贸试验纵深发展

中国（广东）自由贸易试验区深圳前海蛇口片区管理委员会

2023 全国自贸片区创新联盟合作交流大会在哈尔滨市顺利举行，通过架设经验交流、业务探讨、产业合作桥梁，推动创新要素高效流动，促进产业跨区域协同发展，助力国家自贸试验战略向纵深发展。

一、联动开展制度创新会议

全国自贸片区创新联盟由前海蛇口自贸片区领头倡议，广东、福建、河南、湖北等地21 个自贸片区或区域于 2019 年发起成立，旨在强化各自贸片区之间的协同改革、协同创新和协同发展。截至 2023 年底，已召开 6 次制度创新大会，自贸片区创新联盟成员总数达到 63 个，成为中国自贸试验区最大、最重要的合作交流平台之一，哈尔滨、绥芬河、黑河自贸片区均在其中。

2022 年 12 月 19 日，自贸片区创新联盟第五次制度创新会议在深圳市前海举行，哈尔滨自贸片区就对俄及东北亚国际贸易促进中心向全国自贸试验区进行专项推介，该中心成为助力"东北振兴"及"深哈合作"、促进对东北亚进一步开放的重要载体。在自贸片区创新联盟框架内，前海蛇口自贸片区连同哈尔滨自贸片区、绥芬河自贸片区等，共同编撰了《自贸片区创新联盟成员单位 2022 年改革创新经验合集》，其中收录了哈尔滨自贸片区深耕制度创新"试验田"、打造营商环境"新高地"、激发经济发展"新活力"等有关内容；共同编撰了《自贸片区创新联盟成员单位 2021—2022 年重要制度创新案例成果汇编》，其中重点介绍了哈尔滨自贸片区依托"飞地经济"探索协同发展新路径、探索综合办学水平发展性督导评价改革两项改革成果，介绍了绥芬河自贸片区关于推动中俄边境贸易跨境金融集成创新有关成果。

2023年12月20日，首次在哈尔滨跨省异地举办全国自贸片区创新联盟交流合作活动。此次活动由黑龙江省商务厅、哈尔滨市人民政府、自贸片区创新联盟、新华社黑龙江分社主办，由中国（黑龙江）自由贸易试验区哈尔滨片区管委会承办，深圳前海蛇口自贸片区管委会协助支持。活动以"实施自贸试验区提升战略 助力高水平对外开放"为主题，围绕稳步扩大制度型开放、探索自贸试验区建设新路径、助力边疆经济高质量发展、提升自贸试验区重在打造世界一流营商环境等进行了交流探讨。活动现场发布《2023年全国自贸片区经典制度创新案例汇编》，遴选出由联盟成员单位报送的133项制度创新成果，涵盖贸易便利化、投资便利化、金融创新、政府体制机制改革、法治创新五个方面先行先试举措。在联盟成员专场推介环节，浙江自贸试验区，喀什、哈尔滨、黑河、绥芬河、广州南沙、前海蛇口等自贸片区围绕特色产业、重点制度创新成果、重大平台等方面进行推介。此次活动的顺利举办，得益于龙粤、深哈对口合作的良好基础，获得了黑龙江省政府、省商务厅，哈尔滨市政府、市商务局，以及哈尔滨、黑河、绥芬河等片区管委会的大力支持，有效促进了联盟成员之间的互动交流和互学互鉴，也为深入推动实施自贸试验区提升战略、积极推动东北全面振兴，提供了良好的交流合作平台。全国自贸片区创新联盟将继续秉持"协同改革、协同创新、协同发展"的宗旨，为成员提供更广阔的合作空间、更高效的资源共享和更丰富的交流机会。

二、拓展服务实现"三大进展"

全国自贸片区创新联盟坚持以友好合作、共享互赢为原则，以制度创新为切入点，以产业合作为突破口，以"一带一路"倡议为延伸，拓展服务内地、面向世界的经贸合作网络，形成依托平台、共享成果、对接产业的多层次合作模式，取得了"三大进展"。一是打造区域协作平台。搭建制度创新共享平台，共享政策、共享案例、共享项目、共享专家、进行评比分享和发布优秀创新案例。与商务部国际贸易经济合作研究院信用研究所等知名智库机构合作，开展线上线下交流研讨，共同促进政策突破。二是打造制度创新策源地。全国自贸片区创新联盟先后梳理分享一系列与自贸试验区相关的文件汇编，召开制度创新大会、联络员会议，收集梳理全国各个自贸试验区的优秀创新成果，发布全国自贸片区创新联盟协同创新倡议书。三是打造跨区域产业发展引擎。通过推出涉及多省份、涵盖土地开发等多领域产业对接项目，在市场化推进区域合作发展方面先行先试。

三、探索创新深化"六个合作"

建设自由贸易试验区是新时代推进改革开放的一项重要战略举措，全国自贸片区创新联盟肩负着在改革开放新起点上探索集成发展新经验、构建深度合作新模式的光荣使命。未来，各片区将坚定信心、迎难而上，重点深化"六个合作"。一是深化创新合作。完善制度创新共享平台建设，推动各片区创新经验系统集成和标准化输出。优化复制推广模式，提高制度创新经验复制推广效率。建立制度创新统筹协调机制，定期举办制度创新总结和交流会，推进创新政策实时交流。二是优化产业合作。建设产业合作网络体系，促进各自贸片区产业链、创新链、人才链、资金链、信息链融合发展。推动各片区公共服务平台、产业合作平台、资本对接平台、"项目库"和在线招商平台等相互开放合作。三是开展党建合作。加强党建创新经验交流、成果共享，推动基层自主探索与顶层设计紧密结合，构建新时期形式更开放、属性更多样、信息更全面的交互联通式党建格局。四是推进"一带一路"合作。积极推动成立"一带一路"自贸区联盟，构建国际自贸园区合作网络。推动与WTO等国际经贸组织开展经贸规则对话，参与国际经贸规则制定。支持服务业走出去，为海外投资企业提供金融、法律、媒体宣传等服务。五是探索信用合作。推进自贸片区之间信用合作，在信用信息共享、奖惩联动、理论研究、教育培训等方面开展合作，探索建立区域公共信用信息平台，推动自贸片区之间信用信息系统、信用数据互联互通，开展信用服务合作，推动信用跨区域一体化发展。六是完善智库合作。扩大全国自贸片区创新联盟智库网络，建立专业性智库和高科技企业智库。联合开展重大课题调研，建设中国自贸片区"政策数据库、案例数据库、专家数据库、企业（项目）数据库"，发布一批标志性、权威性的政策研究报告。

下一步，前海蛇口自贸片区将会同全国自贸片区创新联盟成员单位推动联盟工作取得新成效，为商务部统筹协调自贸试验区建设提供新的工作抓手，推动重点任务落实，进一步深化交流合作、互学互鉴。

第五章 提档升级 深哈产业园
加速迈进发展新阶段

深圳市乡村振兴和协作交流局

为深入贯彻落实党中央、国务院关于东北地区与东部地区部分省市对口合作重要部署，深圳与哈尔滨按照"政府引导、企业主体、市场运作、合作共赢"原则，积极探索共建深圳（哈尔滨）产业园区（以下简称"深哈产业园"），实现发展理念、体制机制、科技创新、高端产业对接融合发展。2023年以来，两市高位部署、高标谋划、持续发力，合力推进深哈产业园提档升级，加速迈入高质量发展新阶段。2023年11月14日，中央政治局常委、国务院总理李强同志视察黑龙江省时，在哈尔滨新区江北一体发展区听取深圳（哈尔滨）产业园建设情况。

一、深哈产业园建设发展成效

经过四年多的发展，深哈产业园充分彰显蓬勃发展之势，在产业招商、政策创新、营商环境优化等方面为哈尔滨振兴发展持续注入强劲动能。

（一）园区发展备受关注

2023年9月7日，习近平总书记在黑龙江省考察期间，黑龙江省委省政府将深哈产业园作为区域对口合作典型案例向习近平总书记作书面汇报。11月14日，李强总理在深哈产业园考察时指出，要借鉴先进地区经验，着力搞活发展机制，培育新的经济增长点，并对园区合作模式和取得的成绩给予充分肯定。2023年以来，园区共接待包括美国、韩国等5国驻华外事机构，中央网信办、国家发展改革委等4个国家部委，北京市、广东省、深圳市、苏州市等 35 个省市的访客千余人次。"深哈合作探索'飞地经济'打造全国对口合作新样板"改革案例荣获"中国改革 2023 年度地方全面深化改革典型案例"，《求是》杂志以《深哈产业园：同声唱响"双城记"》为题专篇报道深哈产业园合作成果。此外，园区还先后被科技部、文旅部确立为科技创新赋能东北振兴试点示范区、国家对外文化贸易基地（哈尔滨）。

（二）建设运营稳步推进

一是工程建设步伐不断加快。深哈产业园科创总部项目地块二（总建筑面积约 25.48 万平方米）于 2023 年 9 月 25 日正式投入使用，配套人才公寓同步启用。至此，园区已完成科创总部项目 43 万平方米的工程建设。其中，地块一荣获"2022—2023 年度国家优质工程奖"，地块二成功获批"国家对外文化贸易基地（哈尔滨）"。二是运营服务水平不断提升。园区作为深圳理念与政策经验的"试验田"，持续发挥"带土移植"机制优势，年内学习深圳政策经验 30 项；园区开发运营公司制定《挂点服务企业 2023 年工作方案》，形成从实地调查、问题收集到研究处理、结果反馈的服务闭环工作方法；园区人力资源产业园引进服务机构 4 家，组织召开招聘会 35 场，服务客户 1100 家次，为企业人才发展提供有力支撑。三是金融体系建设不断丰富。8 月，深哈产业投资基金首笔资金实缴到位，9 月通过中基协备案，正式具备对外投资条件，累计储备项目 80 余个；引入深圳创新投、高新投在园区注册设立 10 亿元和 1 亿元产业基金。

（三）产业招商取得突破

截至 2023 年底，园区累计注册企业超 631 家，注册资本金超 233.06 亿元，累计入驻项目 75 个，包括华为"一总部双中心"、北京奇安信、思灵机器人、善行医疗、惠达科技、哈工大人工智能研究院等头部企业。2023 年新增 24 个项目，引进奥瑞德光电、科达视讯、北科生物等上市、头部企业，数字经济、生物经济产业集聚度达 80%。土地招商新增投资总额 4.7 亿元。其中，松菱科技 RFID 电子标签项目土地摘牌，哈工大卫星总部基地实现开工建设。

（四）创新动能持续释放

紧抓科技部将深哈产业园列入科技赋能东北振兴试点示范区机遇，深哈两市加快推动创新要素向园区高效集聚，引进哈尔滨科技大市场，在园区运营 1.2 万平方米科技孵化器。引进建设银行创业者港湾，打造创新创业企业"金融+孵化+产业+指导"旗舰式综合服务平台。支持哈工大人工智能研究院获批智慧农场技术与系统全国重点实验室、智能农场国家新一代人工智能开放创新平台。

二、主要做法

深哈两市抢抓园区发展新机遇，合力打造深哈产业园2.0升级版，加快推动园区实现更高水平发展。

（一）签署园区合作战略升级协议

在持续巩固深哈产业园阶段性合作成果的基础上，两市积极谋划推动深哈产业园提档升级。2023年4月22日，黑龙江—广东产业合作与开放交流大会和项目签约仪式在深圳市举办，深哈两市政府在会上签署《打造深哈产业园合作战略升级框架协议（2023-2026年）》（以下简称《协议》），开启了园区合作新篇章。《协议》以推动深圳"20+8"产业集群与哈尔滨"4567"现代产业体系有效衔接、融合发展，实现园区由"制造"向"创造"、由"速度"向"质量"、由"产品"向"品牌"战略升级为目标，明确两市将围绕推动体制机制创新、提升园区发展能级、推动开放合作三大方面，聚焦优化营商环境、完善干部人才交流机制、编制实施产业规划、完善基础设施配套建设、引导国资国企参与园区建设、打造科技合作样板工程、拓展跨境电商业务、搭建对接交流平台等重点任务，以及数字经济、生物经济、高端装备、新材料、新能源、深海空天、现代农业与食品等重点产业，进一步加强两市资源对接、信息共享和务实合作，合力推动园区全面提档升级。

（二）优化提升园区发展规划

针对深哈产业园原发展规划存在产业定位需进一步明确提升的问题，深圳市政府主要领导亲自部署，在两市发展改革和乡村振兴等有关部门大力支持推动下，历时一年研究编制《深圳（哈尔滨）产业园区发展规划（2023-2030年）》（以下简称《规划》）。《规划》以产业高质量发展为总牵引，明确深哈产业园将依托园区南部核心启动区建设科技创新启动核，在万宝大道以北空间构建服务贸易集聚区，并基于产业特点和未来发展潜力，在园区中部布局建设生物经济、高端装备、新材料和新兴潜力产业四个主题产业组团，构建形成"一核一区四组团"协同发展的空间功能布局。提出园区将加快实施数字经济应用拓展、生物经济创新研发、高端装备示范引领、新材料技术攻关、新能源市场开拓、深海空天合作孵化、服务贸易发展壮大、体制机制改革试点等九大重点工程。根据《规划》划定的具体目标，到 2025 年，深哈产业园 26 平方千米产值达到 500 亿元，到 2030 年现代产业生态体系基本建成，人才、资金、技术、数据等资源要素进一步集聚，一批研发成果在两市成功对接转化，形成市场化、法治化、国际化一流营商环境。

（三）联合开展园区招商推介活动

为进一步提升深哈产业园的知名度和影响力，助力园区精准对接优质企业资源，深哈两市依托大型展会平台和重大活动开展园区招商推介活动。8 月 25 日，2023 亚布力中国企业家论坛第十九届夏季高峰会在深圳开幕，在全国工商联、龙粤两省、深哈两市有关领导及现场近 500 名知名企业家、专家学者的共同见证下，两市共同发布园区《规划》，并由深哈产业园相关负责人作招商推介。借助本次亚布力夏峰会契机，园区有效对接深圳企业近 200 家。在两市相关部门的支持下，园区借势发力，密集参加各类招商活动、各类产业主题展会 50 余场，主办、协办各类活动 5 场。园区驻深团队与相关政府部门、商协会密切对接，以《规划》为抓手开拓资源渠道，深耕产业细分领域的头部企业，成功组织主办"共享深机遇·携手新发展"深哈航空航天企业圆桌会议、"信息互联·创赢未来"深哈信创产业对俄合作交流会、"科技引领新发展　深哈两地创未来"2023 哈尔滨·深圳计算机专题论坛暨产业对接交流论坛等主题活动，对接航空航天、信创产业、计算产业等领域代表企业 70 余家。同时，持续扩大深圳"朋友圈"，先后与深圳市电子商会、深圳市计算机学会、深圳市人工智能行业协会签署战略合作协议，并进一步对接深圳市机器人协会、新能源行业协会、航空航天产业协会、新材料行业协会、投资商会和哈工大深圳校区等商协会、高校资源，为后续高效对接深圳创新资源、产业资源夯实基础。

第六章　打好组合拳　助力鹤城农产品
进驻湾区粤地

齐齐哈尔市经济合作促进局

广州市对口支援协作和帮扶合作工作领导小组办公室

齐齐哈尔市借力两省协作办的资源和平台优势，采取"品鉴+营销""平台+线下""推广+招商"等组合拳，将北纬47°系列产品全方位多维度推向湾区粤地，打通了"招商引资"联系企业平台的新路径，奏响了鹤城农产品量大质优的营销进行曲。

一、以"资源+服务"培育优品

北纬四十七公司成立于2021年6月，是一家集种植养殖基地、产业园区、绿色有机食品加工于一体的全产业链农业产业化龙头企业，致力于整合北纬47°优质绿色有机资源，全力打造高端绿色有机农产品深加工产业集群。齐齐哈尔市政府出台一系列优惠政策为企业提供资源和服务，保障企业迅速落地投产。2021年，投资建设有机鲜食玉米及速冻果蔬加工项目，项目总投资6.71亿元，占地15万平方米，其中建筑面积7.5万平方米，主要建设5座鲜食玉米及速冻果蔬加工车间和15条自动杀菌鲜食玉米及蔬菜加工生产线，是目前国内技术最先进、智能化程度最高、生产规模最大的鲜食玉米加工企业，拥有国内唯一的自动杀菌鲜食玉米加工生产线。2022年，企业自建鲜食玉米原料基地7.4万亩，加工速冻玉米粒7800吨、速冻玉米1.1亿穗、真空玉米0.46亿穗，提供固定就业岗位600多个，阶段性岗位3000多个，带动群众增收7500万元。企业上市产品均通过147项国家农残检测、148项绿色认证，产品荣获"2022比利时布鲁塞尔国际风味评鉴所美味奖章""2022年世界品质评鉴大会金奖"等殊荣，成为首个获得双项国际美食大奖的中国农产品品牌。成功举办了全国首届高端鲜食玉米产业峰会，并进行了北纬47°黄金种植带授牌。

二、以"品鉴+营销"征服味蕾

　　齐齐哈尔市依托资源优势，将预制菜产业作为发展重点之一。在首届中国国际（佛山）预制菜产业大会上，依安县积极与预制菜企业进行洽谈对接，重点围绕北纬47°鲜食玉米、国牛牧业肉牛加工、依安地产特色蔬菜进行了项目推介和产品现场品鉴，广东懿嘉食品科技有限公司、佛山市新雨润食品有限公司、广东品珍鲜活科技有限公司等十余家企业对依安玉米、肉食、蔬菜等有机食品产业发展表示出了浓厚兴趣，特别是对北纬47°鲜食玉米赞誉有加，达成合作意向。依安县敏锐地把握到北纬47°鲜食玉米在粤的发展潜力，将推广目标锁定在广东省省会城市——广州。依安县与齐齐哈尔驻广州招商中心经过多方走访，成功对接了"本来生活网"平台，同企业运营总监、包装食品采购经理、全国生鲜肉蛋采购总监等高管进行座谈交流，着重推介从采摘到锁鲜不超过3小时的鲜食玉米，通过现场品鉴，让企业代表品尝到了食用便捷又不失原滋味的玉米，获得了一致好评，在现场确定将北纬47°系列产品拓展到"本来生活"的C端销售，就企业到东北投资兴业的战略布局进行了深入探讨。

三、以"平台+线下"拓展市场

　　为进一步找到鹤城农产品进入大湾区的突破口，凭借与广州市对口合作的得天独厚条件，依安县与齐齐哈尔驻广州招商中心在市领导的带领下，数次前往广州市对口协作办招商港、中洲农会、消费专班、帮扶馆等部门商洽，在各个部门的大力帮助下，与各类企事业单位、商协会进行了广泛对接，成功促成了北纬47°特色农产品线下系列营销活动，特别是开展了为期3天的地铁专馆促销活动，展示了旗下优质产品"鲜食玉米"，配合同步上线地铁内部团购平台，让消费者现场品尝新鲜出锅的玉米，提高了品尝的体验感，逐步赢得了大家的喜爱。线下活动的热烈反响为北纬47°有效打通了多条平台销售渠道，将系列优质农产品全面推向粤品荟助农馆、供销联社官方平台五山供销、广州精准帮扶综合服务平台等 7 个大平台，短短几天就实现了产品综合销量破千件的佳绩，更是在随后开展的第四十四期广州消费帮扶沙龙消费帮扶推介交流会上大放异彩。黑龙江省领导考察北纬47°依安工厂和省农产品精深加工产品及待转化科技成果展期间，对齐齐哈尔市构建鹤城农产品营销推广平台的举措，以及进驻湾区粤地的思路给予了充分肯定。

四、以"推广+招商"促进合作

齐齐哈尔市有效运用对口合作载体红利，依托广州市协作部门助力搭台，在积极探索北纬47°系列产品"走出来"路径的同时，全面凝聚各县区特色资源优势，积极开展招商引资宣传推介，通过走访重点企业、对接知名平台，稳步推动农产品企业走进大湾区，打响鹤城品牌，拓展销售渠道，先后与当地的国际连锁便利店711、全家、华润万家、永辉、天虹、大润发等品牌达成合作，切实以优质绿色农产品为强力支撑点，为两地开展深入合作打下了良好的基础，实现了产品进湾区、粤地知鹤名的双向宣传效果。两市将继续深入学习贯彻习近平总书记关于东北全面振兴全方位振兴的重要论述精神和关于对口合作的重要指示精神，认真落实广东、黑龙江两省工作部署，进一步完善工作机制，做好重大战略对接，推动产业协同发展，促进资源共享、优势互补，力争在更多领域、更广范围、更深层次取得合作突破，让鹤城与羊城携手高质量发展，共同在推进中国式现代化建设中作出新的更大贡献。

第五部分　政策篇

中共中央、国务院及部委的相关政策文件

表1 中共中央、国务院及部委的相关政策文件*

序号	文件名称	文号	发文时间	二维码
1	国务院印发关于在有条件的自由贸易试验区和自由贸易港试点对接国际高标准推进制度型开放若干措施的通知	国发〔2023〕9号	2023年6月	
2	国务院关于印发《河套深港科技创新合作区深圳园区发展规划》的通知	国发〔2023〕12号	2023年8月	
3	国务院关于东莞深化两岸创新发展合作总体方案的批复	国函〔2023〕87号	2023年9月	

---

* 此表所含文件均为2023年发布的政策文件，之前的文件见《黑龙江省广东省对口合作工作报告（2021）》《广东省黑龙江省对口合作工作报告（2022）》，表2同。

续表

序号	文件名称	文号	发文时间	二维码
4	国务院办公厅关于印发《香港法律执业者和澳门执业律师在粤港澳大湾区内地九市取得内地执业资质和从事律师职业试点办法》的通知	国办发〔2023〕34号	2023年9月	
5	国务院关于《横琴粤澳深度合作区总体发展规划》的批复	国函〔2023〕143号	2023年12月	
6	国务院关于《前海深港现代服务业合作区总体发展规划》的批复	国函〔2023〕144号	2023年12月	
7	粤港澳大湾区国际一流营商环境建设三年行动计划		2023年12月	

黑龙江省和广东省的相关政策文件

表 2　黑龙江省和广东省的相关政策文件

序号	文件名称	文号	发文时间	二维码
1	黑龙江省人民政府关于印发中国（同江）跨境电子商务综合试验区实施方案的通知	黑政发〔2023〕4 号	2023 年 1 月	
2	黑龙江省人民政府办公厅印发关于促进全省经济运行整体好转若干政策措施的通知	黑政办规〔2023〕1 号	2023 年 1 月	
3	广东省人民政府办公厅关于印发广东省培育扶持个体工商户若干措施的通知	粤办函〔2023〕12 号	2023 年 1 月	
4	广东省人民政府关于印发广东省激发企业活力推动高质量发展若干政策措施的通知	粤府〔2023〕23 号	2023 年 3 月	

续表

序号	文件名称	文号	发文时间	二维码
5	黑龙江省人民政府关于公布《赋予中国（黑龙江）自由贸易试验区省级行政权力事项指导目录》和《赋予哈尔滨新区省级行政权力事项指导目录》的决定	省政府令第3号	2023年3月	
6	中共广东省委　广东省人民政府印发《关于推动产业有序转移促进区域协调发展的若干措施》		2023年3月	
7	广东省人民政府办公厅关于印发《建设高标准信用服务市场　促进信用广东高质量发展的若干措施》的通知	粤办函〔2023〕26号	2023年3月	
8	广东省人民政府办公厅关于印发2023年广东金融支持经济高质量发展行动方案的通知	粤办函〔2023〕35号	2023年3月	
9	广东省人民政府办公厅关于印发广东省推进招商引资高质量发展若干政策措施的通知	粤办函〔2023〕45号	2023年3月	

序号	文件名称	文号	发文时间	二维码
10	中共广东省委　广东省人民政府关于新时代广东高质量发展的若干意见		2023 年 5 月	
11	广东省人民政府关于复制推广中国（广东）自由贸易试验区第八批改革创新经验的通知	粤府函〔2023〕59 号	2023 年 5 月	
12	黑龙江省人民政府办公厅关于印发黑龙江省加快推进农产品加工业高质量发展三年行动计划（2023-2025 年）的通知	黑政办规〔2023〕3 号	2023 年 6 月	
13	黑龙江省人民政府办公厅关于印发黑龙江省支持农产品精深加工业高质量发展若干政策措施的通知	黑政办规〔2023〕4 号	2023 年 6 月	
14	关于印发《黑龙江省市场主体"信用+"场景应用创新示范推广工程工作方案》的通知	黑营商规〔2023〕3 号	2023 年 6 月	

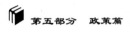
续表

序号	文件名称	文号	发文时间	二维码
15	中共广东省委　广东省人民政府关于高质量建设制造强省的意见		2023 年 6 月	
16	广东省人民政府关于进一步深化数字政府改革建设的实施意见	粤府〔2023〕47 号	2023 年 6 月	
17	广东省人民政府办公厅关于印发广东省优化营商环境三年行动方案的通知	粤府办〔2023〕11 号	2023 年 7 月	
18	教育部　黑龙江省人民政府关于印发推进职业教育与产业集群集聚融合服务龙江振兴发展实施方案的通知	黑政发〔2023〕12 号	2023 年 10 月	
19	广东省人民政府办公厅关于印发广东省大力发展融资租赁支持制造业高质量发展指导意见的通知	粤府办〔2023〕18 号	2023 年 10 月	

续表

序号	文件名称	文号	发文时间	二维码
20	广东省人民政府办公厅关于印发广东省推动专精特新企业高质量发展指导意见的通知	粤办函〔2023〕278号	2023年10月	
21	黑龙江省人民政府关于印发《黑龙江省旅游业高质量发展规划》的通知	黑政发〔2023〕14号	2023年11月	
22	黑龙江省人民政府办公厅关于印发《黑龙江省释放旅游消费潜力推动旅游业高质量发展50条措施》的通知	黑政办规〔2023〕6号	2023年11月	
23	黑龙江省人民政府办公厅关于印发《黑龙江省大力发展特色文化旅游实施方案（2023-2025年）》的通知	黑政办发〔2023〕46号	2023年11月	
24	广东省人民政府关于加快建设通用人工智能产业创新引领地的实施意见	粤府〔2023〕90号	2023年11月	

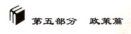
序号	文件名称	文号	发文时间	二维码
25	广东省人民政府办公厅关于印发广东省新形势下推动工业企业加快实施技术改造若干措施的通知	粤办函〔2023〕293号	2023年11月	
26	广东省人民政府办公厅关于印发"数字湾区"建设三年行动方案的通知	粤办函〔2023〕297号	2023年11月	
27	广东省人民政府办公厅关于印发广东省降低制造业成本推动制造业高质量发展若干措施的通知	粤办函〔2023〕302号	2023年11月	
28	广东省人民政府办公厅关于印发广东省进一步提振和扩大消费若干措施的通知	粤办函〔2023〕305号	2023年11月	
29	黑龙江省人民政府关于印发《黑龙江省推进普惠金融高质量发展实施方案》的通知	黑政发〔2023〕15号	2023年12月	

续表

序号	文件名称	文号	发文时间	二维码
30	黑龙江省人民政府办公厅关于印发《黑龙江省加快推动制造业和中小企业数字化网络化智能化发展若干政策措施》的通知	黑政办规〔2023〕7号	2023年12月	
31	黑龙江省人民政府办公厅关于印发《黑龙江省落实〈提升行政执法质量三年行动计划（2023-2025年）〉任务分工方案》的通知	黑政办发〔2023〕50号	2023年12月	
32	广东省人民政府关于印发《广州都市圈发展规划》《深圳都市圈发展规划》《珠江口西岸都市圈发展规划》《汕潮揭都市圈发展规划》《湛茂都市圈发展规划》的通知	粤府〔2023〕92号	2023年12月	
33	广东省人民政府办公厅关于印发广东省提升行政执法质量三年行动实施计划（2023-2025年）的通知	粤府办〔2023〕21号	2023年12月	

第六部分　资料篇

黑龙江省情概况 （2023）

黑龙江省土地面积 47.3 万平方千米，约占全国陆地领土面积的 4.9%，占东北三省的 58.4%，居全国第六位。省内居住着汉、满、达斡尔、鄂伦春等 56 个民族，2023 年末常住人口 3062 万。设有 12 个地级市和 1 个地区行政公署，67 个县（市）。

历史文化。四五万年前就有古人类在黑龙江地区生息，肃慎、东胡、秽貊、挹娄等先民先后在此定居，夫余、渤海等古代地方政权和大金国在此建立。中华人民共和国成立后，曾设立黑龙江和松江两省，1954 年合并为黑龙江省。不同民族的文化差异，古老的渤海文化、金源文化、满族文化，加之清末以后的流人文化与关内移民带来的习俗，融汇形成了丰厚的历史文化资源和独特的边疆民俗风情，孕育了"东北抗联精神""闯关东精神""北大荒精神""大庆精神"和"铁人精神"，成为推动全省经济社会发展的精神财富和动力源泉。

自然资源。林地面积居全国第 4 位，森林面积居全国第 3 位，森林覆盖率达 44.47%。已探明矿产资源 139 种。大庆油田累计生产原油突破 25 亿吨。草原面积 118 万公顷，居全国第 12 位。湿地面积约 514.3 万公顷，已建立了东方红国际重要湿地、七星河国际重要湿地、扎龙国际重要湿地等 12 处国际重要湿地，数量居全国首位。年平均水资源量 810 亿立方米，有黑龙江、乌苏里江、松花江和绥芬河四大水系，流域面积 50 平方千米及以上河流 2881 条，常年水面面积 1 平方千米及以上湖泊 253 个。

农业生产。耕地面积 1713.13 万公顷，高标准农田规模全国最大，是全国唯一的现代农业综合配套改革试验区，是绿色有机食品生产基地和无公害农产品生产大省。绿色有机食品认证面积达 9400 万亩，居全国第一位。畜产品安全水平全国领先，婴幼儿奶粉产量及质量全国第一。

工业基础。"一五"时期国家布局 156 个重点工业项目，黑龙江省有 22 个，形成了"一重""两大机床""三大动力""十大军工"等大型骨干企业为支撑的工业体系。目前，黑龙江省能生产 40 个大类、162 个中类、364 个小类的上千种工业产品。中华人民共和国成立以来，累计提供了占全国 2/5 的原油、1/3 的木材、1/3 的电站成套设备、1/2 的铁路货车、1/10 的煤炭和大量的重型装备与国防装备。

科技教育。有哈兽研、中船 703 所等科研院所，哈工大、哈工程等 78 所高等院校和 4 个国家级大学科技园，全国重点实验室 12 家。机器人、载人航天、新材料等科研能力居全国乃至世界领先水平。

开放区位。与俄罗斯有 2981.26 千米边境线，有 27 个国家一类口岸，其中，对俄边境口岸 19 个，年过货能力 2900 万吨，对俄贸易占全国的近 1/4，对俄投资占全国的 1/3。对俄合作拓展到资源、能源、旅游、科技、文化、教育、金融等领域。

2023 年全省地区生产总值 15883.9 亿元，增长 2.6%；一般公共预算收入 1396 亿元，增长 8.2%；社会消费品零售总额增长 8.1%；进出口总额增长 12.3%；城镇、农村居民人均可支配收入分别增长 4.1%、6.3%。

广东省情概况（2023）

广东，简称"粤"，省会广州。地处亚热带，气候温暖，雨量充沛。面积 17.98 万平方千米，约占全国陆地面积的 1.87%；大陆海岸线长 4084.48 千米，约占全国海岸线总长的 1/5，海域面积 41.9 万平方千米。海岛 1963 个（含东沙岛）。内陆江河主要有珠江、韩江、漠阳江和鉴江等。设广州、深圳 2 个副省级市，19 个地级市，122 个县（市、区）。

历史源远流长。10 多万年前已有"曲江马坝人"生息繁衍。秦代，设南海郡；汉代，番禺是全国著名都会；唐代，广州开设"市舶司"，成为著名对外贸易港口；清代，佛山成为全国手工业中心和四大名镇之一。广东既是我国现代工业和民族工业的发源地之一，也是我国近代和现代许多重大事件的发生地和策源地。如鸦片战争、辛亥革命、国共两党第一次合作、北伐战争、广州起义等，是杰出历史人物康有为、梁启超、孙中山、廖仲恺和中国共产党著名革命家彭湃、叶挺、叶剑英等的故乡。

岭南文化独特。2023 年末常住人口为 1.27 亿人，分属 56 个民族，汉族人口最多，占 98%，少数民族主要有壮族、瑶族、畲（shē）族、回族、满族等。汉语方言主要有 3 种：粤方言（广府话）、客方言（客家话）和闽方言（潮州话）。地方曲艺有广东音乐（代表作品《步步高》《赛龙夺锦》《平湖秋月》《雨打芭蕉》）、粤剧、潮剧、汉剧、雷剧、山歌剧等。海外侨胞和归侨侨眷众多，有 3000 多万海外侨胞，占全国一半以上，分布于世界 160 多个国家和地区；省内有 8.8 万归侨、3000 多万侨眷，杰出代表有司徒美堂、冯如、钟南山等。

名胜古迹众多。有广州白云山、肇庆鼎湖山和七星岩、惠州西湖和罗浮山、韶关丹霞山、南海西樵山、清远飞霞山、阳江海陵岛、汕头南澳岛、湛江湖光岩等著名自然景观，最高的山是清远阳山县石坑崆（广东第一峰，海拔 1902 米）。有中共三大会址、中山纪念堂、黄埔军校旧址、西汉南越王墓、陈家祠、林则徐销烟池与虎门炮台旧址、韶关南华寺和梅关古道等历史人文景观。开平碉楼与村落被列入世界文化遗产，丹霞山被列入世界自然遗产。历史文化名城 8 个，5A 级景区 15 个。

交通四通八达。2023 年末高速公路里程 11481 千米，居全国第一，实现县县通高速。2023 年港口货物吞吐量 22.15 亿吨，亿吨大港 7 个（广州港、深圳港、湛江港、珠海港、东莞港、江门港、佛山港），其中，广州港集装箱吞吐量 2541 万标准箱，深圳港集装箱吞吐量 2988 万标准箱。民用机场 9 个（广州、深圳、珠海、揭阳、湛江、梅州、佛山、惠州、韶关），其中，广州白云国际机场旅客吞吐量 6317.35 万人次，深圳宝安国际机场旅客吞吐量 5273 万人次。

经济实力雄厚。经济总量连续 35 年位居全国首位。2023 年实现地区生产总值 13.57 万亿元，增长 4.8%；规上工业增加值增长 4.4%；固定资产投资增长 2.5%，社会消费品零售总额 4.75 万亿元，增长 5.8%；进出口 8.30 万亿元，增长 0.3%；地方一般公共预算收入 1.39 万亿元，增长 4.3%；居民人均可支配收入 4.93 万元，增长 4.8%。

黑龙江省与广东省对口合作工作大事记

2023 年

省级领导互访交流

4月20~23日，黑龙江省委书记许勤、省长梁惠玲率党政代表团赴粤考察交流，双方在广州召开广东·黑龙江对口合作工作座谈会，签署《黑龙江省人民政府 广东省人民政府对口合作高质量发展框架协议（2023-2025 年）》，并就深化全方位合作、促进两省高质量发展达成高度共识。其间代表团赴深圳市考察，与深圳市委书记孟凡利、市长覃伟中会谈交流。

4月22日，黑龙江省政府和广东省政府在深圳市共同举办"黑龙江—广东产业合作与开放交流大会"，黑龙江省委书记许勤出席会议并致辞。

6月9日，广东省省长王伟中主持召开省对口合作工作领导小组第六次会议，就粤龙在提高政治站位、加强产业合作、深化科技创新、共建平台载体、拓展对俄合作等方面作出工作部署。

6月15日，广东省省长王伟中带队赴北京拜访中粮集团有限公司，商请推动中粮贸易黑龙江有限公司承储库点信息化建设，确保广东省省级储备粮（黑龙江）异地储备粮安全。

8月8~10日，黑龙江省人大常委会副主任贾玉梅带队赴粤开展院前急救体系建设情况专题调研及工作交流。

10月9日，广东省—黑龙江省—俄罗斯哈巴罗夫斯克边区立法机构会晤在哈巴罗夫斯克边区举行，三地立法机构负责人、议员、商协会、企业、媒体等逾100人与会。广东省人大常委会副主任叶贞琴、黑龙江省人大常委会副主任聂云凌、哈巴罗夫斯克杜马主席济库诺娃在大会上发言并共同签署《中国黑龙江省人民代表大会常务委员会 广东省人民代表大会常务委员会与俄罗斯哈巴罗夫斯克边区立法杜马合作协议》。

10月17日，广东省工商联、黑龙江省工商联在广州联合举办"民营企业进边疆"龙粤合作广东推介会，广东省委常委、统战部部长王瑞军，黑龙江省委常委、统战部部长徐建国，国家民委共同发展司副司长范振军出席会议并致辞。会上，两省工商联签署对口合作高质量发展框架协议。

2023 年 1 月

1月3日，惠州市与大庆市签署惠州·大庆政务服务跨省通办合作协议，建立政务服务合作机制。

1月12日，两省商务厅在深圳市共同举办"黑龙江—广东'向北开放'经贸合作交流会"，广东省商务厅一级巡视员陈越华出席并致辞。

1月13日，牡丹江市与东莞市松山湖高新区签署《牡丹江市与东莞松山湖高新区产业协同发展框架协议》，加强在园区规划、建设、运营、管理等方面的全方位合作。东莞市委副书记、松山湖党工委书记刘炜，牡丹江市副市长李玉俊，松山湖党工委副书记、管委会主任欧阳南江等领导以及两地各相关部门代表出席活动。

2023 年 2 月

2月，十四省区市民政厅（局）旅居养老合作交流座谈会在广州召开。包括黑龙江省在内的十四省区市民政厅（局）领导参加会议并分享旅居养老成果，会上审议通过《十四省区市旅居养老合作规程》，并举行旅居养老合作联通仪式。

2月，大庆市政协副主席、市工商联主席栾红带队赴惠州市考察交流，就服务民营企业，推进结对关系，推动两地企业、商会、行业协会加强互访交流进行深入探讨。

2月7日，黑河市、珠海市和俄罗斯布拉戈维申斯克、下诺夫哥罗德、南萨哈林斯克外事部门举行视频会晤，线上签署友好合作意向书。

2月15~20日，齐齐哈尔市委常委、政法委书记李拥军带队赴广州市、佛山市拜会广州越秀食品集团、广东省牛产业发展促进会、丰营（广州）畜牧业有限公司、粤泰冷链物流股份有限公司，就奶乳、肉食一体化产业链供应链、粮食贸易等开展招商引资工作。

2月16~17日，绥化市市长孙飚带队赴湛江市调研，实地考察正大集团、恒兴水厂，两市签署《黑龙江省绥化市与广东省湛江市深化对口合作协议》。

2月18日，佳木斯市副市长聂影带队赴中山市调研，实地考察健康基地、康方生物、中智药业及纪念中学等地，并就佳木斯市创建中国牙城与中山市卫健局进行交流。

2月25~27日，伊春市委常委、常务副市长李立新率伊春市代表团赴茂名市开展合作交流，并召开茂名—伊春对口合作交流座谈会，两市共达成24项合作协议，签约总额27.7亿元。

2月25日，广东省农科院作物所组建专家团队赴湛江市遂溪县黑龙江望奎县龙薯现代农业农民专业合作社开展粤黑合作模式下湛江"稻—稻—薯"模式发展情况调研，总结湛江"稻—稻—薯"模式优秀经验，为粤黑合作"稻—稻—薯"模式高质量发展提供政策建议。

2月27日，由广东省文化和旅游厅指导，广东美术馆主办，列入国家艺术基金2022年度资助的传播交流推广项目"印刻时代——20世纪以来中国版画的实践与流变专题展·哈尔滨站"开幕式暨公教活动在黑龙江省美术馆举行。

2023年3月

3月，黑龙江省发展改革委二级巡视员王刚、大庆市发展改革委刘海洋一行赴惠州市考察石化产业园建设情况，探讨两地合作事宜。

3月，黑龙江省农业农村厅市场与信息化处处长何树国带队赴深圳市、佛山市开展农业产业合作项目洽谈，推动"黑土优品"省级优质农产品拓展市场营销渠道，商榷将黑龙江更多农产品纳入"圳品"管理体系等事宜。

3月，鸡西市市长孙成坤率鸡西市政府代表团赴肇庆市考察并开展对口合作交流。

3月，大兴安岭地委副书记、行署专员范庆华率大兴安岭地区行署代表团赴揭阳市考察，签订大兴安岭行署与揭阳市对口合作框架协议等6个协议。

3月3日，齐齐哈尔市副市长刘大勇带队赴佛山市参加首届中国国际（佛山）预制菜产业大会。

3月8日，佳木斯市政府一级巡视员邱士林带队赴中山市商谈中佳产业园建设相关事宜，与中山市副市长叶红光、发展改革局、财政局、国资委、火炬区及中阳公司相关人员进行座谈，双方就共建中山佳木斯产业园协议基本达成共识。

3月8~11日，东莞市松山湖管委会率东莞市发展改革局、松山湖企业及协会访问牡丹江市，其间举办"牡莞两地谋发展 对口合作谱新篇"牡丹江市·东莞市松山湖管委会见面会，牡丹江市经济合作促进局与东莞松山湖莞商联合会签署战略合作框架协议。

3月13~17日，广东省粮食和物资储备局会同省纪委监委派驻省发展改革委纪检监察组赴黑龙江省开展省级储备粮异地储备联合检查。

3月15~19日，齐齐哈尔市副市长贾兴元带队赴广州市、深圳市、佛山市与联塑集团、玉湖冷链交易中心、深圳鑫视界电子有限公司、深圳佰创电子有限公司、深圳市容达科技有限公司、广州超凡医药科技有限公司对接洽谈电商、数字经济和物流项目。

3月19~22日，齐齐哈尔市委常委、副市长孙恒，副市长刘大勇带队赴广州市对接龙粤活动筹备、对口合作框架协议、园区共建事宜，并与广州工控集团、广州岭南商旅投资集团、广州酒家集团、广州金域医学检验集团进行对接洽谈。

3月21日，深哈对口合作交流座谈会在深圳市举行，哈尔滨市委副书记、市长张起翔，深圳市委常委、常务副市长黄敏出席会议并讲话，哈尔滨市委常委、副市长蒋传海参加会议。

3月24日，深圳市协助哈尔滨市开展"科技赋能东北振兴　创新驱动产业发展——国家科技计划成果路演行动（哈尔滨高新区专场）"。

3月27~28日，黑河市副市长景泉率黑河自贸片区管委会、市发展改革委负责同志赴珠海市，就两市共建园区事宜进行对接。

3月28~29日，双鸭山市委副书记、市长宫镇江率政府考察组赴佛山市对接交流，佛山市委副书记、市长白涛会见考察组一行，双方面谈交流对口合作工作，其间考察组考察调研佛山市城市展览馆、市人民政府行政服务中心、中国中药控股有限公司、广东星联科技有限公司等地。

3月30日至4月3日，伊春市副市长肖爽带队赴茂名市开展招商及对口交流活动。

3月31日，哈尔滨文旅产业招商恳谈会在深圳市举行，会上哈尔滨市文化广电和旅游局分别与深圳前海高华资本投资管理有限公司、华侨城（深圳）旅游发展集团就注资冰雪产业基金、哈尔滨市文旅产业发展签署合作协议。

2023年4月

4月，广东省政府副秘书长张玉润会见来粤访问的俄罗斯萨哈（雅库特）共和国政府副主席鲍里索夫。鲍里索夫一行先后访问黑龙江省、广东省，在粤期间，代表团参加第133届广交会。

4月，大庆市委书记李世峰带队赴惠州市考察交流，两市签订新一轮对口合作协议。

4月，双鸭山市和佛山市签署《广东省佛山市·黑龙江省双鸭山市深化政务服务"跨省通办"合作协议》，持续拓展通办领域、增加通办事项，在政务服务大厅互设"跨省通办"专窗，实行收受分离、代收代办。

4月，双鸭山市选派徐晓良（双鸭山市委常委、宣传部部长）、张成亮（双鸭山市友谊县委副书记、县长）、倪睿（双鸭山市宝山区委常委、宣传部部长）、战诗文（双鸭山市委全面深化改革委员会办公室副主任）分别到佛山市人民政府、三水区人民政府、南海区人民政府、禅城区人民政府开展为期6个月的跟岗锻炼。

4月，茂名、伊春两市通过视频连线方式，举办伊春·茂名对口合作云签约仪式。会上，两市总工会、工商联、职业学院、国有企业等单位签订《伊春市工商联与茂名市工商联对口合作框架协议》《伊春市总工会与茂名市总工会对口合作框架协议》《伊春职业学院与茂名职业技术学院对口合作框架协议》《伊春森工集团与茂名发展集团国企合作框架协议》。

4月1日，佳木斯市委书记丛丽带队赴中山市考察，与中山市委书记郭文海座谈，中山市委副书记、火炬区党工委书记陈文锋与佳木斯副市长王金分别代表双方签署《佳木斯市人民政府　中山市人民政府深化对口合作协议》。其间丛丽一行实地考察中智药业集团有限公司、广东美味鲜调味食品有限公司、中顺洁柔纸业股份有限公司等企业。

4月1~3日，两省对口结对城市、对口合作部门密集开展旅游招商推介活动。1~3日，鸡西市到肇庆市举办"境界江湖　美丽鸡西"旅游招商（肇庆）推介会，其间两市签订旅游合作框架协议，鸡西市文旅代表团考察肇庆市七星岩景区、星湖国家湿地公园、市博物馆、市国家水上运动训练基地。2日，齐齐哈尔市赴广州市举办"寒来暑往·广结齐缘"齐齐哈尔夏季旅游推介会。2日，大庆市文化广电和旅游局在惠州市举办以"认识大庆从游开始"为主题的夏季旅游产品推介交流会。2日，绥化市旅游推介代表团赴湛江市举办以"寒来暑往　南来北往"为主题的绥化市夏季旅游推介会，并签订《绥化湛江文化旅游领域深入合作框架协议》。3日，哈尔滨市文化广电和旅游局与深圳市旅游协会召开旅游企业对接会，两市旅行社行业协会签订合作框架协议。3日，牡丹江市副市长邹浩带队赴东莞举办2023"美在牡丹江"文旅宣传推广暨招商推介会，两地旅行社协会、旅游协会代表签署"百万互游"城市互送游客协议。3日，以"中俄双子城北国养生地"为主题的2023年黑河市文旅资源产品招商推介会在珠海市举办，会上，珠海市文化广电旅游体育局、珠海传媒集团与黑河市文化广电和旅游局签订战略合作协议，广东省拱北口岸中国旅行社与黑河旅行社协会签订游客互送协议，珠海市供销投资控股集团有限公司与黑河市全域绿色农业发展集团有限公司签约共谋发展。

4月4日，黑龙江省文化和旅游厅在广州市举办广东—黑龙江"寒来暑往，南来北往"旅游季开幕式暨"避暑胜地　清凉龙江"2023年黑龙江夏季旅游推介会。

4月5~8日，佳木斯市文化广电和旅游局组织县区文旅部门、企业代表40余人赴中山市开展文化旅游交流活动。其间两市文化广电旅游局签订《文化旅游发展战略合作协议》，双方旅行社代表签订《旅行社合作框架协议》。

4月6日，绥化市副市长王行亮带队赴湛江市对接产学研合作事宜，拟发挥两地院校优势，推动两地市政府、绥化学院、广东海洋大学深化合作。

4月6日，汕头市发展和改革局印发《汕头市与鹤岗市对口合作工作实施方案》（汕市发改〔2023〕128号）。

4月13日，惠州市与大庆市联合印发《大庆市与惠州市对口合作2023年工作要点清单》。

4月21日，广州市海珠区与齐齐哈尔市梅里斯达斡尔族区深化对口合作协议签约仪式在广州市海珠区举行，双方签订《齐齐哈尔市梅里斯达斡尔族区与广州市海珠区深化对口合作协议》，齐齐哈尔市副市长贾兴元现场见证签约仪式。

4月19~24日，齐齐哈尔市委书记、市长沈宏宇，副市长刘大勇随黑龙江省党政代表团赴广东省开展考察学习和经贸交流活动。其间两市签订《齐齐哈尔市与广州市深化对口合作协议（2023-2027）》。齐齐哈尔市委书记、市长沈宏宇带队拜会广州市政府主要领导，双方就进一步推动对口合作工作进行商洽交流。

4月20日，黑龙江省商务厅党组书记刘海城带队赴广东自贸试验区前海蛇口片区调研。

4月20日，"黑龙江省科技成果转化招商大会（龙粤合作专场）"在牡丹江市召开，会议围绕数字经济、生物经济、新能源等重点领域签订一批科技成果转化代表性招商合作项目，总签约额46亿元。黑龙江省科技厅党组成员、副厅长石兆辉，牡丹江市政府副市长刘军龙，东莞市政府副秘书长曾鸣参加此次大会。会上，牡丹江市科技局和东莞市科技局宣布建立对口合作关系。

4月22日，由黑龙江省政府和广东省政府共同主办的"黑龙江—广东产业合作与开放交流大会"和项目签约仪式在深圳市举办。会上，两省商务厅签署《黑龙江省商务厅 广东省商务厅共同推进商务合作备忘录》，两省文化和旅游厅签署《黑龙江省文化和旅游厅 广东省文化和旅游厅关于深化旅游对口合作的协议》，两省体育局签署《关于共同推动冰雪体育发展的合作框架协议》，对口结对城市分别签署《齐齐哈尔市与广州市深化对口合作协议（2023-2027）》《佳木斯市人民政府 中山市人民政府合作共建中佳产业园协议》《黑龙江省牡丹江市人民政府 广东省东莞市人民政府深化对口合作框架协议》《黑河市人民政府 珠海市人民政府深化对口合作暨共同打造海河对俄进出口加工产业园框架协议》，本次活动共签约192个项目，签约总额982.38亿元，项目涵盖数字经济、生物经济、冰雪经济、创意设计及向北开放、对俄罗斯经贸合作等领域。

4月23日，哈尔滨市在深圳市举办农业和农产品加工项目招商引资推介会，12家深圳市食品企业与哈尔滨市相关部门签订合作协议。

4月23~24日，黑河市委书记、市人大常委会主任李锡文率黑河市党政代表团赴珠海市开展对口合作暨经贸交流活动，其间黑河党政代表团分别与珠海市政府、珠海黑龙江商会举行座谈会。

4月23~25日，双鸭山市委书记邵国强率党政代表团赴佛山市对接交流对口合作工作，佛山市委书记郑轲会见代表团一行，双方召开"佛山市·双鸭山市对口合作联席会议"，其间代表团考察调研广东邦普循环科技有限公司、佛山高新技术产业开发区。

4月24日，牡丹江市委书记代守仑率牡丹江市党政代表团赴东莞市开展对口合作交流和招商考察活动，东莞市委书记肖亚非与代守仑进行深入交流，东莞市委副书记、市长吕成蹊陪同考察。

4月24日，黑河—珠海对口合作座谈会在珠海市召开，珠海市委副书记、市长黄志豪与黑河市委书记、市人大常委会主任李锡文就两市对口合作工作进行深入交流。

4月24~25日，绥化市委书记张宝伟率党政代表团实地考察湛江市"一湾两岸"、广东海洋大学以及湛江城市发展专题展馆等地，两市召开对口合作工作座谈会，签署《绥化—湛江"两地两校"合作协议》。

2023 年 5 月

5月，两省多个对口结对城市组织人员跟岗学习交流。牡丹江市副市长刘军龙等9名干部赴东莞市政府、镇街等部门跟岗锻炼，谋划两市合作共建产业园区事宜。大兴安岭地区选派4名厅处级干部赴揭阳市开展为期6个月的跟岗锻炼。4日，七台河市1名副厅级干部和3名副处级干部赴江门市跟岗学习。5日，大庆市选派夏文飞、闫志、秦浩、冯伟4名干部（1名副厅级、3名副处级）赴惠州市跟岗学习，时间6个月。

5月7~10日，哈尔滨市和深圳市共同主办首届东北亚文化艺术创意设计博览会，意向签约项目220余个，签约金额超1.1亿元。

5月10日，"共享深机遇、携手新发展"航空航天企业圆桌会议在深圳举办，深圳市和哈尔滨市40余家企业代表、行业专家共同研讨空天技术产业高质量发展方向和路径。

5月17~19日，深交所北方中心受邀赴黑龙江东盛金材、惠达科技、安天科技等多家重点上市后备企业进行走访，推动企业加快上市工作进程。

5月19~21日，黑龙江省组团参加第三十一届广州国际旅游展览会，以"北国好风光 美在黑龙江"为主题，搭建150平方米展台，展示宣传黑龙江省文化旅游资源和产品。

5月23~26日，广州市协作办党组成员、副主任陈震带队赴齐齐哈尔市就共建合作园区事宜开展考察调研活动，并与齐齐哈尔市副市长刘大勇进行对接交流。其间考察了甘南县飞鹤乳业、嘉一香食品，梅里斯区雅娴食品、九洲发电、山松生物制品有限公司，龙江县龙江元盛食品有限雪牛分公司和富裕县益海嘉里现代农业产业园。

5月26日，黑龙江省七台河市—广东省江门市—俄罗斯阿尔乔姆市交流合作线上会议举行，江门市市长吴晓晖、七台河市市长李兵、阿尔乔姆市市长瓦西里耶维奇共同签署发展友好交流关系协议书。

2023 年 6 月

6 月，肇庆市副秘书长朱景亮率市发展改革、投促部门参加哈洽会，并与鸡西市副市长陈霖举行会谈。

6 月 1 日，《广东省黑龙江省对口合作工作报告（2022）》由经济管理出版社出版。

6 月 7~11 日，黑龙江省以"创意设计 赋能龙江"为主题，组团参加中国（深圳）国际文化产业博览交易会，近百家黑龙江企业携 800 余种展品亮相文博会。

6 月 10 日，广东省产业投资引导基金以及合作股权投资机构赴鸡西市组织参加"鸡西兴凯湖·基金汇"论坛并进行对接交流，助力鸡西市优质项目拓宽直接融资渠道。

6 月 11~16 日，2023 年度惠州市高层次人才国情研修班在中共大庆市委党校举办，共 44 名各类人才参加。

6 月 15 日，齐齐哈尔市副市长周长友带领市粮食局、鹤城农投集团等部门赴广州市开展大豆产业链招商经贸系列活动。期间，齐齐哈尔市粮食局与广州市发改委、鹤城农投集团与广州市粮食集团分别签订粮食产销对接战略合作协议。

6 月 15~19 日，第三十二届哈尔滨国际经济贸易洽谈会（以下简称"哈洽会"）在哈尔滨举办。广东省商务厅二级巡视员黄欣率 50 多家企业及机构、超 200 人组成的广东经贸代表团赴会，其间两省商务厅联合举办"粤贸全国"广东—黑龙江经贸合作交流会，黄欣参加"中国黑龙江、广东、福建—俄罗斯远东基础设施建设及建材领域合作推介会"并致辞。广东省贸促会率 20 多家企业代表团参会，并开展"广东企业龙江行"活动。深圳市、惠州市、中山市、茂名市、肇庆市等组织经贸代表团参加"哈洽会"及相关交流活动。

6 月 15~18 日，汕头市代表团赴哈尔滨市参加由鹤岗市人民政府举办的鹤岗、汕头、俄罗斯比罗比詹市三方经贸活动，并签订三方经贸合作框架协议。

6 月 17 日，江门市第二批派驻工作组赴七台河市开展为期半年派驻工作，进一步推动共建园区。

6 月 18~21 日，广东省发展改革委、省教育厅联合调研组赴黑龙江省调研，实地调研粤黑教育及有关对口合作工作。19 日，龙粤职业教育协同发展联盟推进会在黑龙江省召开，粤黑两省有关部门负责同志参会，推进会总结联盟工作成效，交流合作先进经验，研究部署联盟 2023 年重点工作，会议批准广州市旅游商务职业学校、佳木斯职业学院、黑龙江商业职业学院、黑龙江农业职业技术学院加入联盟，联盟成员院校增加到 23 所。

6 月 18 日，江门市与七台河市政企代表团共同赴绥芬河口岸考察外贸发展和物流运输情况，探索依托绥芬河对俄口岸和对俄合作平台，扩大两市对俄贸易规模。

6月20日，第十三届中俄文化大集在黑龙江省黑河市开幕，广东省组织醒狮队、粤剧参加开幕式表演。

6月下旬，广东省商务厅一级巡视员、省外商投资企业协会会长陈越华率广东外资企业代表团赴黑龙江省开展交流考察。

6月27日，中国老年旅居康养论坛暨2023年天鹅颐养经济走廊城市合作机制年会在大庆市举行。茂名市受伊春市邀请参会，两市签订《茂名市民政局与伊春市民政局旅居康养战略合作协议》。汕头市受邀出席年会，参加"百城联动 旅居康养"百家友好城市签约仪式，与鹤岗市民政局共同签署旅居养老合作框架协议。

6月29日，惠州市赴大庆市参加第五届黑龙江省旅游产业发展大会。

2023年7月

7月7~8日，惠州市委组织部邀请东北石油大学校长一行赴惠州市交流走访，参观中海油惠州石化、中海壳牌、宇新化工等校友企业，并召开校地合作座谈会。

7月9~12日，广东省作为第七届中国—俄罗斯博览会主宾省组织经贸代表团参展参会。广东省商务厅副厅长赵青率团出访俄罗斯，参加博览会开幕式、巡馆等活动，其间出席"第三届中俄地方合作论坛暨黑龙江省广东省—斯维尔德洛夫斯克州经贸合作洽谈会"并致辞。

7月10~12日，中山市委常委、副市长叶红光带队赴佳木斯市调研两市对口合作工作，现场考察中佳产业园选址地块，召开两市对口合作工作座谈会、两市对外贸易合作座谈会，并调研佳木斯对俄罗斯进出口贸易相关工作。

7月26~27日，广东省发展改革委与广东省国际工程咨询有限公司就《深入对接龙粤两省资源与产业优势，强化对口合作助力两省高质量发展》课题赴齐齐哈尔市进行调研，与相关部门及企业进行座谈，其间考察了中国一重和齐齐哈尔高新区。

2023年8月

8月，汕头市在鹤岗市举行"四季汕头欢迎您"2023年汕头（鹤岗）文旅推介会，汕头市副市长李钊、鹤岗市副市长齐东亮参加推介会。

8月，佛山市举办"跨境俄罗斯 融通共赢——开拓俄罗斯市场专场推介会"并邀请双鸭山市相关部门参加，佛山国际贸易港与双鸭山市饶河县数据和电子商务发展中心签订加强两地园区共建战略合作协议。

8月1日，敷尔佳（301371）在深交所创业板上市，首发上市当日市值283亿元，是近三年黑龙江唯一一家上市百亿市值企业，公司首发募集资金 22.32 亿元。

8 月 2~4 日，广东省粮食和物资储备局党组书记、局长肖晓光带队赴黑龙江省开展粮食对口合作调研和交流，与黑龙江省粮食和物资储备局联合召开两省粮食对口合作协调小组 2023 年第一次会议，会商下一阶段重点工作，巩固和深化两省粮食对口合作。

8 月 4 日，广东省贸促会党组书记、会长陈小锋会见黑龙江省贸促会党组书记、会长陈士军一行，双方就加强合作、共同开拓"一带一路"沿线市场、促进两地贸易投资合作进行深入交流。

8 月 22~23 日，由广东省农业农村厅、黑龙江省农业农村厅联合主办的"南品北上北品南下"省际交流合作暨广东名特优新农产品走进黑龙江（哈尔滨）宣传推介活动在哈尔滨市举办。

8 月 6~13 日，深圳交响乐团赴黑龙江参加第 36 届中国·哈尔滨之夏音乐会系列演出活动。

8 月 10 日，由深创投与黑龙江、吉林两地省市两级政府出资设立，委托深创投管理的黑龙江省聚恒红土投资合伙企业（有限合伙）正式成立。基金于 11 月 16 日完成首期资金募集，11 月 23 日完成中基协备案（备案编码：SNDN16）。

8 月 10~12 日，茂名市委副书记、市长王雄飞带队赴伊春市开展对口城市合作交流，其间茂名市组织 20 余名民营企业家组成企业家考察团赴伊春市考察交流，深化两地民营企业交流合作。

8 月 22 日，深交所开展"踔厉奋发新征程 投教服务再出发——深交所投教服务走进黑龙江"主题投教活动，深入黑龙江省上市公司九洲集团、森鹰窗业走访调研，并就合作发展有关事宜进行沟通交流。

8 月 25 日，深哈对口合作第八次联席会议在深圳市召开，听取对口合作工作进展情况，研究部署下一步重点工作。

8 月 25~26 日，汕头市市长曾风保带队赴鹤岗市开展对口合作，其间签订《鹤汕合作备忘录》，实地调研石墨高质化利用产业园区、五矿石墨数据共享中心、北大荒集团宝泉岭农业示范区、黑龙江北三峡食品有限公司等地。

8 月 25~26 日，鹤岗市人民政府、汕头市人民政府、俄罗斯比罗比詹市政府、俄罗斯萨哈（雅库特）共和国维柳伊斯基区政府在鹤岗市携手举办第六届中俄界江文化旅游节、中俄四城市篮球赛、文旅推介交流会和中俄企业经贸洽谈会等活动。

8 月 29~31 日，深圳市组织 20 余家新材料领域企业赴哈尔滨市考察交流，并参展第六届中国国际新材料产业博览会。

2023 年 9 月

9 月 11~15 日，广东省粮食和物资储备局组织检查组专家赴黑龙江省，与黑龙江省粮食和物资储备局、黑龙江省储备粮管理有限公司组成联合检查组，对广东省省级储备粮异地储备库点进行实地检查。

9 月 13~14 日，黑龙江省征集优质重点文旅项目参加广东文化和旅游产业投融资对接会。

9 月 20 日，两省在广州市 CIE 餐创引擎空间联合举办龙粤特色食材产销对接活动。

2023 年 10 月

10 月，广州市宣传、文旅等部门和企业赴齐齐哈尔市考察调研文旅产业发展情况，两市签订文旅合作框架协议。

10 月，伊春市副市长方春彪带队赴茂名市开展经贸交流活动，其间伊春市代表团在茂名市开展实地调研，并与相关企业进行交流。

10 月，两省工商联联合主办"民营企业进边疆"龙粤合作广东推介会。

10 月 5~8 日，东莞市松山湖莞商联合会赴牡丹江市考察调研，其间召开牡丹江·东莞松山湖莞商联合会座谈交流会，会议由牡丹江市副市长刘军龙主持，牡丹江市副市长邹浩作产业推介，牡丹江市发改委、工信局、商务局、市场监管局、农业农村局、文广旅局、科技局、经合局、市开发区、团市委及东宁市、穆棱市、林口县、东安区、西安区、爱民区、阳明区等相关部门现场参会。

10 月 9~10 日，黑龙江省司法厅一级巡视员陈宏、商务厅副厅长邢颖娜一行赴广东省开展自贸试验区立法专题调研，广东省商务厅副厅长双德会与调研组进行座谈交流。

10 月 17 日，广东科学技术职业学院与黑龙江旅游职业技术学院正式签署《援建民航服务综合实训中心协议书》。

10 月 23~24 日，广州市委常委、宣传部部长杜新山带队赴齐齐哈尔市考察调研文旅产业发展情况，并举行交流座谈会。其间齐齐哈尔市委常委、宣传部部长邹震远，市委常委、副市长刘云策及市文广旅游局主要负责同志陪同考察，两市签订文旅合作框架协议。

10 月 26~27 日，广东省发展改革委副主任秦黎明带队赴黑河市调研对口合作工作，其间考察黑河市国际中药材展示中心、海河共建园区、互市贸易区、跨境索道和俄品多等项目。

10 月 27 日，"乡遇万物 共塑美好"乡村振兴·名优特产进万家暨深圳食博会产销对接活动首站启动仪式在深圳市举行，广东省商务厅副厅长何军出席并致辞，黑龙江省商务厅副厅长邢颖娜出席并组织企业参展。

10月30日至11月6日，俄罗斯马加丹市市长格里珊与双鸭山市代表团共同赴佛山市进行友好交流访问，双鸭山市委副书记、市长宫镇江及佛山市委副书记、市长白涛分别会见代表团一行，三方希望在经贸往来、产业发展、教育文化交流等方面加强合作，共同开拓互利共赢新局面。

10月下旬~11月上旬，珠海、黑河两市联合选派60名年轻干部，举办中青年干部培训暨深化对口交流合作研学班。

2023年11月

11月，广东省广播电视局与黑龙江省广播电视局制定实施《共同推进两省广电行业对口合作工作方案》，重点围绕加强智慧广电合作、优秀公益广告作品共享、旅游宣传片相互展播、电视剧对口合作、网络视听节目对口合作、探索全媒体经营创收模式合作六个方面加强合作。

11月1日，中俄"两国六城"（中国广东省广州市、黑龙江省齐齐哈尔市和俄罗斯乌法市、叶卡捷琳堡市、喀山市、哈巴罗夫斯克市）外事部门联合线上工作会议召开，齐齐哈尔市提出建立中俄"两国六城"外事部门定期会商机制、打造中俄"两国六城"活动品牌、定期举办经济产业合作交流活动三点倡议。

11月3日，黑龙江省文化和旅游厅在广州市举办冬季旅游粤港澳大湾区推介会。

11月15~18日，黑龙江省粮食和物资储备局主办，广东省粮食和物资储备局等9省（市）粮食和储备部门协助共同举办2023·黑龙江第十九届金秋粮食交易暨产业合作洽谈会。

11月15日，"广州欢迎您"2023广州文化旅游推介会在齐齐哈尔市举行，共同打造"广结齐缘·常来常往"等文旅品牌。两市文旅部门相关领导、重点旅行社代表、文旅企业负责人等百余人参加。

11月15日，湛江市文化广电旅游体育局和广州市文化广电旅游局联合在绥化市举办2023广州湛江（绥化）文化旅游推介会。

11月28~29日，广东省委宣传部等部门指导举办2023粤港澳大湾区文化产业投资大会，邀请黑龙江省委宣传部参加，并在大会期间对黑龙江省优质文化产业项目进行推介。

2023年12月

12月10~13日，广东省委宣传部举办全省文化产业骨干人才培训班（第一期），邀请黑龙江省委宣传部组织5名优秀文化企业家参加培训，与广东省文化企业家开展座谈交流活动，现场考察华为、大疆、凡拓、云天励飞等优秀企业。

12月15日，佳木斯市在中山市举办佳木斯冰雪旅游推介会，中山市文旅产业投资有限公司与佳木斯市文化旅游投资集团、中山市青年国际旅行社与佳木斯市佳运国际旅行社、中山市旅游协会与抚远黑瞎子岛景区及桦南百年蒸汽火车旅游区分别签署战略合作协议。

12月18~21日，东莞市委统战部副部长、市工商联党组书记陈国良率东莞企业家考察团一行赴牡丹江市开展考察交流。其间牡丹江市重点产业推介会暨牡丹江市·东莞市工商联直属商（协）会战略合作联盟签约仪式举办，牡丹江市委书记代守仑主持会议和签约仪式，并作总结讲话。牡丹江市委常委、秘书长、统战部部长孙涛，牡丹江市政协副主席、市工商联主席王伟华出席会议。

12月20日，"活力广东 时尚湾区"2023广东文化和旅游冬季推介会在黑龙江省哈尔滨市举办，广东省文化和旅游厅副厅长张奕民、黑龙江省文化和旅游厅副厅长何大为出席会议并致辞，两省旅游主管部门、企业代表等150余人参会。

12月20日，2023全国自贸片区创新联盟合作交流大会暨中国（黑龙江）自由贸易试验区高端论坛在哈尔滨市召开，这是自贸片区创新联盟交流合作活动首次跨省异地举办。本次活动由黑龙江省商务厅、哈尔滨市人民政府、自贸片区创新联盟、新华社黑龙江分社主办，中国（黑龙江）自由贸易试验区哈尔滨片区管委会承办。活动以"实施自贸试验区提升战略 助力高水平对外开放"为主题，助力自贸试验区创新发展，推动自贸片区间协同改革、协同创新，为自贸试验区建设发展建言献策。自贸片区创新联盟进一步扩容，河北正定、新疆喀什和霍尔果斯加入联盟，成员增至63个。会上，广州南沙经济技术开发区围绕全球溯源中心建设，推介分享南沙片区在数字经济领域的创新实践。

12月22日，齐齐哈尔市副市长周长友带队赴广东省举办推介活动，分别在深圳市太阳岛大厦和广州市广州国际医药港举办"圳品有我，鹤城优供""花城有我，鹤城优供"优质农产品推介会。广州市协作办、黑龙江省政府驻深圳办事处、广东省黑龙江齐齐哈尔商会、深圳黑龙江商会、深圳市米袋子菜篮子联合会及广州市粮食集团、深粮控股集团、增城农投集团、圳品市场运营科技有限公司等100余家部门和企业参加推介会。

12月24日，广州市文化广电旅游局参与主办的"天地人和"文化艺术名家作品邀请展暨许鸿飞雕塑世界巡展哈尔滨站在禹舜美术馆开幕。